ALGUNA VEZ ME AMARON

SONIA E. RAMIREZ

Copyright © 2018 Sonia E. Ramirez

All rights reserved.

ISBN-13: **978-1-7181-5324-0**

DEDICATORIA

Un especial agradecimiento a mi hijo Boris Omar por su constante motivación y por tomarse el tiempo necesario para escucharme. Varias veces conversando respecto a este proyecto le comente que no iba a poder expresar con letras lo que si podía con palabras, en ese momento me respondía con una sonrisa, "Usted puede y muy pronto escribirá el segundo libro". Me lo dijo con tanta certeza que me lo creí. Cuando él era un niño yo lo guíe y lo motivé, ahora los roles habían cambiado, él estuvo apoyándome. Gracias hijo por tenerme fe, no quise defraudarte como otras veces.

A mi familia, Gracias por su cariño incondicional y por aceptarme como soy. Doy infinitas gracias a Dios por permitirme tener tantos recuerdo en mi memoria y poder escribir las historias que son parte de mi vida y muy especiales para mí.

CONTENIDO

Agradecimientos	i
Mis Disculpas	ii

1 MI NIÑES

Tuve Navidades Hermosas	Pg # 1
La Casa Vieja	Pg # 6
Simión Madrugó al Camión	Pg # 11
Chicholi Regálame La Nube Gris	Pg # 14
Ahí Está Tu Tata	Pg # 19
Yo Estaba Apasionada	Pg # 23

2 MI JUVENTUD

Eran Otros Tiempos	Pg # 31
No Quiero Andar Vendiendo	Pg # 35
Extendía Sus Manos Queriéndome Alcanzar	Pg # 41
Que Todo Sea Para Tu Bien	Pg # 47

3 MI MATRIMONIO

Ropa Nueva	Pg # 57
¿Qué Me Ha Pasado?	Pg # 63
Aquí No Hay Familia	Pg # 69
Somos Como Ese Árbol	Pg # 75
Hubieron Encuentros y Desencuentros	Pg # 79
Sólo Muerta	Pg # 84
Diez de Octubre, Doce de Diciembre	Pg # 87
Pío Pío	Pg # 91
Fallé Muchas Veces	Pg # 96

4 MI TRANSGRESIÓN

Hotel de Mala Muerte	Pg # 105
El Pecado Es El Escándalo	Pg # 109
Con La Mirada Era Suficiente	Pg # 113
Más Huevos Que Una Iguana	Pg # 118
Un Ranchito y Una Piedra	Pg # 124
Todo Cambia Bicha Pelona	Pg # 128
Estelita	Pg # 131
Nos Ahogamos En La Orilla	Pg # 134

AGRADECIMIENTO ESPECIAL

Unas gracias especiales a nuestra queridísima amiga María Camila Sánchez Caicedo responsable por crear todas las ilustraciones de este libro incluyendo la imagen en la portada. Camila es una artista colombiana muy talentosa cuyo portafolio se le puede encontrar en https://mcsc.carbonmade.com, y en Instagram instagram.com/maria___caicedo/

MIS DISCULPAS

Escribir estas líneas para mí es necesario y de mucha importancia. Pedirle disculpas a todas aquellas personas que de alguna manera lastime, muy en especial a mis dos hijos, al padre de ellos y a mi hermosa familia. Cometí varios errores. Viví sentimientos que me superaron y fueron más fuertes que la razón. También estoy consciente que nada puede justificar la forma como lidie con algunas situaciones y así lo entiendo, por eso aprendí a vivir con esa culpa y honestamente no ha sido sencillo. Disculpa por las veces que los avergoncé con mi proceder, conozco la nobleza de sus corazones. En Dios confió y que con el tiempo el sufrimiento que les hice vivir sea solo un recuerdo desagradable y muy lejano.

MI NIÑEZ

María Camila Sánchez Caicedo

TUVE NAVIDADES HERMOSAS

Hoy es una fecha muy importante, he decidido escribir algunos recuerdos de mi infancia; especialmente algunos momentos de las navidades de los años sesenta, época de mi niñez. Yo soy la segunda de cinco hermanos, mi madre una mujer muy estricta con diferente manera de educarnos era de una época en la cual poco se demostraba cariño, pero la comprendo también porque para ella de seguro no fue fácil su infancia; eran otros tiempos, diferente época. No quiero decir mala sólo diferente.

Recuerdo que cuando ya se acercaba el día de noche buena, talvez una semana antes, nos reunía con todas mis hermanas para decirnos que teníamos que prepararnos porque muy pronto sería veinticuatro; fecha del nacimiento del niño Dios. Yo me ponía muy feliz, todos los niños de mi edad conversaban mucho de ese acontecimiento. Yo tenía que esforzarme mucho en hacer la limpieza de la casa, mi madre me decía que si hacía todo el aseo de la casa en la noche cuando estuviera dormida vendría el niño Dios y me traería un regalo. Yo deseaba tanto una muñequita. Siempre ayudábamos a los quehaceres de la casa. Pero esa fecha era muy especial, yo no tendría más de cinco años cuando viví esos momentos.

La casa tenía un patio muy grande; todos los días durante esa semana yo barría una parte, yo no debía descuidarme de algunos otros quehaceres que como decía mi mami eran mi obligación realizarlos. Así pasaba la semana hasta que el día veinticuatro de Diciembre a las seis de la tarde el patio estaba reluciente para que el niño Dios me trajera mi juguete.

Para el veinticuatro, mi madre hacía tamales, algunos años hacía pan en un horno de barro bastante rudimentario. Esa noche todos los niños quemaban cuetes. A mis hermanas y a mí también nos compraban cuetes, yo me divertía mucho reventando estrellitas.

El recuerdo que me acompañó durante largo tiempo fue que el niño Dios nunca me trajo un juguete a pesar de lo mucho que me esforcé limpiando el patio de la casa. Esa noche me despertaba por la madrugada, metía mi mano debajo de la almohada y no había ningún juguete. Me sentía muy triste, veía a mis amiguitas con sus regalos que según ellos y mi madre se habían portado bien. Yo me preguntaba, "¿Qué habré hecho mal? ¿Por qué no me quería el niño Jesús?".

Así pasaron varios años, siempre con la esperanza de que tal vez este año sería diferente. No sé porque mi mami nos metió esa idea absurda de que el niño Jesús traía los regalos de Navidad. Sobre todo tener que trabajar de alguna forma para ganarse ese regalo, yo lo había hecho todo, hasta se lo había pedido con todas las fuerzas de mi corazón.

Pasaron los días, pasaron los meses, y por supuesto pasaron los años hasta que un día que mi madre no estaba en casa, como toda niña curiosa con mis dos hermanas abrimos una caja grande de madera donde mi mami guardaba la ropa. Por casualidad descubrimos dos juguetes; nos quedamos calladas, no preguntamos nada, no hacía falta. Ese día lo entendí, todo era una gran mentira, el niño Dios no traía juguetes. Mi madre nos manipulaba para que hiciéramos más oficio en la casa, ¡que mentira tan cruel! Durante muchos años me sentí triste con ella, claro que no podía reprocharle nada porque, no exagero, me hubiera quebrado los dientes.

También recuerdo que tuve Navidades hermosas, un tiempo en el cual mi mami tuvo de compañero de vida a una persona que pensaba diferente a ella. Ese señor es el padre de Sara mi hermana menor. En las Navidades viajamos a reunirnos con otros parientes más o menos a unos veinte kilómetros de nuestra casa. Mi madre llevaba pan o gallinas ya preparadas para compartir con nuestros parientes. El viaje no era tan fácil; no existían muchos medios de transporte, los buses sólo corrían tres veces al día. Viajamos de tarde en una carreta, ya casi más de noche que de día. Era peligroso; pasábamos por partes muy desoladas, mi padrastro caminaba junto a los bueyes y recuerdo que cuando pasaba por esas partes peligrosas les hablaba muy fuerte a los bueyes. Él llevaba un arma en la mano lista para cualquier encuentro.

Cuando ya llegábamos a la casa de nuestra familia se me olvidaba el susto, todo era alegría y compartíamos con nuestras primas. Cerca de donde nos quedábamos tenía su casita mi abuelita. Ella era una persona bellísima, muy educada. Mis hermanos y yo nunca le dijimos abuelita, sólo mamá Alba; a ella no le gustaba eso de abuela.

Luego de compartir con nuestros parientes volvíamos a nuestra casa, ya muy cansados y a esperar con mucha ilusión el año nuevo. Quiero comentar que mi madre siempre nos compró zapatos y ropa nueva, por supuesto al gusto de ella.

Esas fechas las recuerdo con mucha nostalgia y también con alegría. Recuerdo que en Diciembre mi pueblo de Zacatecoluca era muy bonito; llegaban a la ciudad los juegos mecánicos. Podíamos ir a subirnos a las ruedas después que cumpliéramos con nuestros deberes que consistían en ayudar a mi madre a los quehaceres de la casa, y después de llevar el ganado a beber agua al río llamado Callejón, a unos seis kilómetros de la casa.

Las clases terminaban en el mes de Octubre, en Noviembre se recogía la cosecha de maíz. Mi madre buscaba personas que hicieran el trabajo de destusar el maíz, aunque mis hermanas y yo también le pedíamos trabajo después de cumplir con el oficio diario. Destusábamos el maíz y nos pagaba a quince centavos el costal de maíz, ella decía que a nosotros por ser de la casa tenía que pagarnos menos dinero; a las demás personas les pagaba a veinticinco centavos por un costal de maíz destusado.

Tengo presente que una de esas fechas que íbamos a ir a las ruedas fuimos muy temprano con mi hermana menor a llevar el ganado a beber agua. Era tan grande la emoción que en el camino dejamos olvidadas dos vacas, cuando llegamos a casa las contamos. ¡Qué angustia! No estaba completo el ganado, mi madre dijo que no iríamos a subirnos a los juegos mecánicos. Pero su hermano, mi tío tan querido dijo, "Que vayan, yo estaré pendiente y si vienen las vacas las meteré al corral". Nos fuimos con mis hermanas, pero ese día no fue tan divertido; todo el tiempo pensaba y le pedía a Dios que llegaran las vacas a casa porque si no aparecían ya nos habían dicho que nos castigarían. Ella sí que nos castigaba, puedo decir que de una forma inaceptable para cualquier niño; ahora pienso que mi mami creía que la forma cruel de castigarnos era la mejor forma de educarnos. Mi hermana y yo aún éramos unas niñas, yo tenía quizás siete años y medio. Gracias a Dios las vacas llegaron a casa, pues ellas conocían bien el camino. Supongo se habían quedado comiendo pasto en alguna vereda.

Desde ese día tuvimos más cuidado con el ganado, algunas veces también en lo que el ganado bebía agua mi hermana y yo nos metíamos a bañarnos en una gran poza, luego salíamos rápido. Se ponía tan fuerte el sol que en el trayecto a casa se nos secaba la ropa y mi mami ni cuenta se daba de nuestras travesuras.

LA CASA VIEJA

La casa vieja, así le llamaba al hogar donde nací y viví hasta los ocho años. También ahí nacieron mis hermanas y mi hermano. Recuerdo perfectamente esos días y el nacimiento de Adonis y Sara. Era una casa bastante grande; tenía muchos cuartos, una cocina muy amplia, y un corredor grande empedrado. Ahí había vivido mi abuelo, mi bisabuelo y no sé cuántas generaciones de la familia Molina. Según contaban las personas que conocieron a los Molinas ellos eran una familia respetada. Mi bisabuelo, un gran terrateniente, le heredó muchas propiedades al padre de mi madre.

Mi madre heredó terrenos infértiles, mal ubicados con difícil acceso, y una pequeña parte del ganado. Siempre escuché mucha controversia sobre esa herencia. Durante la mayor parte de su vida mantuvo poca comunicación con la media hermana que repartió la herencia. Mi madre siempre se sintió arrimada en la casa vieja ya que no era dueña de esa casa. Y aunque la familia le decía que siempre podía vivir ahí, un poco resentida yo la escuchaba decir, "Un día voy a hacer mi casa".

ALGUNA VEZ ME AMARON

En frente de la casa vieja, por la mañana y por la tarde, pasaba el tren. Me gustaba mucho salir a verlo cuando pasaba. Sobre todo por las tardes. Vivíamos rodeados de vecinos con muchos niños. Me gustaba que los terrenos que le habían heredado a mi madre estaban cerca de la casa, en uno de ellos había un árbol de jocote de clase corona, en temporada cosechaba unos deliciosos jocotes.

En la casa vieja no habían árboles de fruta más que un hermoso árbol de guayaba. Cuando me castigaban me subía a él y ahí pasaba largo tiempo. Mi mami se daba cuenta que no había comido, entonces me gritaba que entrara a comer y si no, me volvería a castigar. Yo era una niña muy resentida y sentimental; es más creo que hasta el día de hoy lo soy, quizás un poco menos que hace años atrás.

La casa vieja tenía dos grandes árboles de amate, eso le daba a la casa un poco de misterio y sombría. Siempre escuché que donde había árboles de amate asustaban, posiblemente sólo es un mito. A la par de la casa vieja había una mediagua, ahí no vivía nadie sólo tenía objetos viejos y las dos puertas permanecían cerradas. De vez en cuando mi mami entraba a uno de esos cuartos. Recuerdo que las personas decían que en la casa vieja asustaban, decían que eran los espíritus de las personas que habían vivido ahí; pienso que sí. Una vez vi a una mujer vestida de blanco que se paseaba por el dormitorio, luego corrió para uno de los cuartos vacíos. Algunas veces ya muy tarde estábamos todos afuera y si mi mami mandaba a alguna de mis hermanas o a mí a hacer algo a dentro de la casa nadie quería entrar; teníamos miedo, yo decía, "Se me va a aparecer la mujer chelita".

Había algo muy especial en esa casa, una vez estábamos dos de mis hermanas y yo discutiendo, todo estaba en silencio cuando escuchamos una voz con el perfil de una persona mayor, yo diría un anciano, era una voz masculina que nos dijo, "¡Cállense niñas!". La voz se escuchó muy dulce, nos quedamos largo tiempo en silencio llenas de miedo. Al regresar mi mami del mercado le comentamos lo que habíamos escuchado. No sé si nos creyó pero dijo que no teníamos que pelear nunca.

Como fui creciendo mi madre me fue dando más responsabilidades, siempre con mi hermana Irene nos mandaba a traer agua potable, porque en la casa no había. Con un poco de dificultad traíamos el agua en la cabeza. Cuando llegábamos al pozo a llenar nuestros recipientes había un niño que siempre nos molestaba, nos hacía esperar largo tiempo para dejarnos sacar el agua de la bomba. Muchas veces también íbamos con un grupo de señoras a traer el agua, pero me gustaba más cuando iba acompañada sólo por mi hermana y así poder jugar en el camino. Nos subíamos a unos árboles de capulines o nos poníamos a jugar con otras niñas de nuestra misma edad.

A mi madre no le gustaba que nos juntáramos con nadie; decía que los padres de algunas niñas tenían malas costumbres y que ellas podían influir en nuestra conducta pero yo no le obedecía y me quedaba mucho tiempo jugando con ellas. Ya sabíamos que cuando llegara a casa me regañarían. A veces nos tardábamos recogiendo los papeles donde venían envueltos los dulces, recogía piedritas y las envolvía, también juntaba bolsitas de diferentes golosinas que me encontraba por la calle y junto con mis hermanas jugábamos a tener una tienda. Así transcurrieron los días de mi infancia.

Meses después de la muerte de mi tío Manuel, la casa del espino estaba terminada. Esta es la casa que mi madre mandó a construir con mucho esfuerzo. Era el momento de irnos de la casa vieja y preparar todas nuestras pertenencias. Todos ayudamos, nos fuimos llevando la ropa, ollas y cacerolas de la cocina, todo lo que servía y utilizábamos. Sentía nostalgia, tenía que dejar a mis vecinos y amiguitas, aunque sé que las vería en la escuela. Ya no podría ver el tren por las tardes y disfrutar de esos momentos agradables. Era momento de marcharnos de esta casa.

La casa para donde nos mudamos no estaba muy lejos de la casa vieja. También estaban cerca los terrenos donde permanecía el ganado de mi madre que cuidábamos para llevarlos a los pastos. Teníamos dos perros y un gato. Recuerdo que el gato se llamaba Pancho, los perros uno se llamaba Motor y la perra Chispa. Los perros se fueron de tras de nosotros muy tranquilos, pero el gato no quiso acompañarnos a vivir a nuestra nueva casa. Todos los días íbamos a buscarlo con alguna de mis hermanas, siempre estaba en la casa, él solito. Le hablamos, tratábamos de agarrarlo con mucho cuidado porque teníamos miedo que fuera a arañarnos. Un día lo llamamos, pero cuando nos vio se corrió para el monte. Nos regresamos a casa muy tristes, mi madre quizás para consolarnos nos dijo que no nos preocupáramos, que él iba a estar contento y que tal vez tendría otro dueño.

La casa de El Espino era pequeña pero tenía mucho terreno. Un poco alejado de la casa habían árboles de marañones, árboles de guayabas y árboles de pito. Los pitos se comían con huevos o se le echaban a los frijoles cuando se estaban cociendo. Mamá Alba, mi abuelita, se vino a vivir con nosotros. A ella le encantaban los árboles frutales. Ella plantó árboles de mangos, de naranjas, matas de bananas, palmeras de coco, y una extraña planta parecida a la caña de azúcar pero esta se llama caña fistula. La caña fistula es muy rara verla en mi país, esta dio frutos el año que mamá Alba murió así como algunas personas lo habían predicho. Mamá Alba también plantó muchas flores. Con el tiempo teníamos un jardín precioso.

Mamá Alba era una persona muy humilde, pero bien educada y discreta con la vida de las demás personas. No le parecía correcto la forma como mi madre nos castigaba, pero ella trataba de no opinar para no hacer enojar más a mi mami. De mamá Alba sólo tengo bonitos recuerdos, me encantaban las historias que nos contaba.

Poco a poco nos fuimos adaptando a nuestro hogar. El agua siempre era un problema, ya no podíamos ir a traer agua a dónde íbamos a traerla anteriormente. ¡Imposible! Era demasiado lejos. Los nuevos vecinos tenían un pozo y nos ofrecieron toda el agua que necesitáramos, mi madre les dio las gracias pero no aceptó. Solamente por una emergencia les pediríamos agua. Para los quehaceres de la casa a veces iban a traer agua en unos barriles grandes con carreta y bueyes. El agua de beber la íbamos a traer a unos pozos de agua llamados La Raja. En ese entonces surgió una linda amistad que hasta el día de hoy conservo con las hermanas Palacios. Especialmente mi amiga Odi, una persona muy especial, le agradezco a Dios por contar con su cariño todos estos años.

SIMIÓN MADRUGÓ AL CAMIÓN Y NO HA VUELTO

Cuando vivía en la casa vieja una comadre de mi madre llegaba a hacer algún trabajo, destusaba maíz durante la cosecha o tostaba café. Esta señora se llamaba María Hernández pero todas las personas la apodaban Charica. A mí me divertía escucharla hablar, siempre tenía algo que contar. Muchas veces hablaba acerca de problemas de sus hijos, tenía dos hombres, dos mujeres, y otros ya fallecidos. Repetía muchas veces la misma historia.

Recuerdo que un día llegó a contarle a mi mami que uno de sus hijos se había marchado en la mañana sin sus documentos. Se refería a su hijo Simeón, pero ella no decía bien su nombre, lo llamaba Simión. Le decía a mi mami, "Comadre estoy muy preocupada Simión madrugó al camión y no ha vuelto. Dejó los papeles en el cucurucho del rancho". Se puso a trabajar y pasado algunos minutos volvía a decirle a mamá Alba, "María Alba estoy preocupada Simión madrugó al camión y no ha vuelto. Dejó los papeles en el cucurucho del rancho", mamá Alba le decía "No te preocupes María, confía en

Dios que no le ha pasado nada". Luego hablaba conmigo o con mis hermanas y nos repetía la misma historia.

María y sus hijos vivían en un ranchito de zacate, durante ese tiempo la policía de Hacienda pedía los documentos, alguien sin documentos lo agarraban preso o lo golpeaban, igualmente lo hacía la Guardia Nacional. Simeón tomaba mucho, trabajaba de ayudante en un camión, o si no trabajaba jalando bultos.

Mi mami la apreciaba mucho, decía que María era una señora muy servicial; cualquier favor que se le pedía lo hacía, así se ganaba la vida. Mi mami era la madrina de Simeón. Una de sus hijas se llamaba Vicenta pero le decían Chenta. Ella tenía varios hijos, eran unos niños un poco diferentes a los demás de su edad; no tenían amigos y siempre pasaban en el puente de Apanta. Por ahí había un basurero donde los camiones tiraban la basura de toda la Ciudad de Zacatecoluca, sus niños usaban un palo para remover la basura, dicen que encontraban objetos buenos. También a ellos les decían los Charicos por la espalda, y de lejos algunos niños les gritaban "¡Charicos!".

Los hijos de la señora Chenta eran físicamente bien parecidos, tenían la piel blanca, sus cabellos muy claro y ojos de color azul, pero muy mal educados. Una vez María estaba en casa desgranando maíz y había llevado a su nieto Javier, quien también era ahijado de mi mami, para que le ayudara con el oficio. Bueno, mi madre tenía muchos ahijados. Mi mami había dejado una pulsera de oro muy bonita sobre la mesa, y esa tarde se le desapareció. Mi mami le dijo a la comadre y otras personas que estaban desgranando maíz que se le había perdido una pulsera. La buscamos por varios minutos pero no aparecía. Mi madre dijo que buscaran en los recipientes donde tenían el maíz desgranado, y en el huacal de maíz que tenía Javier estaba la pulsera. María estaba muy apenada y se disculpó. Mi madre sabía que ella no tenía la culpa.

CHICHOLI, REGÁLAME LA NUBE GRIS

Al frente de la casa vieja vivía mi tío Manuel, era una persona bien especial. Él se había casado muy joven, tenía cinco hijos, cuatro niños y una niña al contrario de mi madre quien tenía cuatro niñas y un niño. Mamá Alba lo quería muchísimo, decía que él nunca fue malcriado con ella. Una vez venía mi tío con los bueyes en la carretera y les pegó con la pulla. Uno de los trabajadores le fue a avisar a mamá Alba y ella lo regañó enfrente de los mozos, pero él educadamente agacho la cabeza y se quedó callado. En su vida nunca le levantó la voz a mamá Alba. Yo pienso que ella tenía favoritismo con él, cuando ella venía de Tecoluca a visitar se quedaba donde él durante toda su estadía. Mamá Alba dejó su casa por venir a vivir cerca de mi tío, él le arregló un cuarto en la casa vieja y la fue a traer a Tecoluca en carreta.

La mitad de la casa vieja le pertenecía a él; herencia que compartía con mi tía Freda su media hermana. Cuando mi abuelo, papá Fidel, se murió no dejó testamento. Papá Fidel nunca se casó. Legalmente ninguno de sus hijos fueron hijos legítimos bajo la ley Salvadoreña de ese tiempo. Y aunque él hizo los trámites legales para reconocer a mi tía Freda como hija legitima, nunca reconoció legalmente a mi mami ni a mi tío Manuel. Por lo que entiendo Papá Fidel nunca convivió con mamá Alba, pero cuando mi mami y mi tío tenían alrededor de 7 años se fueron a vivir con él. Mi mamá tenía 15 años cuando él falleció.

Mi tía Freda por ser la mayor y la única que tenía el apellido Molina le tocó repartir las tierras. Por eso se decía que mi tía Freda se había quedado con la mejor parte de la herencia, los mejores terrenos, con efectivo, y con joyas de la familia. Acusaciones que en realidad no me constan; lo que sí me consta es que mi mamá le reclamó una vez a mi tía Freda, "Cómo siendo menor, no me cuidaste, ni me apoyaste. Me dieron sólo los terrenos piedrozos y vacas secas". Pero en realidad lo que quizás más le dolió a mi mami fue que cuando mamá Alba falleció no dejaron que fuera enterrada en la misma bóveda de Papá Fidel. Mi tía Freda se disculpó muchas veces con mi mami en su vejez, y hace mucho tiempo atrás se acercaron mucho. Existieron diferencias en la familia.

También me consta que mi tía Freda se quedó con la molienda y el trapiche con los que se hacía dulce de atado los cuales decían que le correspondían a mi tío Manuel por ser el único barón. Cuando mi tía Freda molía caña íbamos a traer botellas de miel. Después de moler la caña, el jugo se pone a hervir y encima se forma una espuma. Para probar que la miel ya estaba en su punto sumergían una vara y sacaban lo que le llamaban panal en el cual se cristalizaba la miel. Se hacía un panal por cada perol. De cada perolada sacaban espuma, mi tía Freda les decía a los mozos que nos prepararán la espuma. Nos daba la primera espuma que es la más espesa, la mejor. Una vez el jugo de la caña llegaba a su punto se llenaban los moldes y de así se hacía el dulce de atado.

"Tomen", nos daba dos botellas de miel y dos batidos de miel para llevarle a mi mami, y en un huacal la espuma para que la lleváramos a la casa. La espuma duraba unos 30 minutos antes de deshacerse. Nos comíamos la espuma con una cucharita. También llegaban otras gentes de los caseríos y cantones a pedir espuma, mi tía se las regalaba y la gente se iba contenta con su espuma.

Al pasar en frente de la casa de mi tío, él nos veía y nos decía, "Bichas, ya vienen de pedir de donde la Freda". Lo decía resentido, nosotras no le contestábamos, sólo lo volvíamos a ver y entrabamos calladas. Le comentábamos a mi mamá, pero ella nos decía "No le hagan caso". Mi tía Freda también les decía a los hijos de él, pero él nunca los mandó a traer miel.

Él era bastante delicado y muy estricto, no le gustaba que sus hijos jugaran con niños malcriados. Una vez estábamos subidas en la parte de atrás de una carreta vacía en el corredor de la casa vieja con una de mis hermanas, él pasó por el zaguán y nos regañó, "Ya las voy a cachimbiar, se van a golpear". No nos pegó pero le contó a mi mamá y ella nos regañó.

Nosotras éramos traviesas. Abajo de la casa vieja había un terreno que era de él donde mandó a hacer un pozo de agua. Un día que veníamos mi hermana Laura y yo de dejar las vacas nos desviamos del callejón en el que veníamos hacia el terreno donde se estaba construyendo el pozo porque queríamos hablar con el muchacho que estaba trabajando ahí. Le preguntamos qué tan avanzado iba el trabajo. "Si quieren bajar, las bajamos", nos preguntó y por curiosidad le dijimos que sí. Primero bajó Laura y después yo. A dentro del pozo escuchamos que venían las vacas, y los trabajadores nos sacaron del pozo con prisa porque sabían que ya venía mi tío Manuel. Salimos pálidas de ahí con mucho miedo que él se fuera a dar cuenta. Cuando regresamos al callejón nos vio y nos preguntó, "¿De dónde vienen?". Le contestamos, "De dejar las vacas". Nos fuimos de ahí con mucha prisa porque sabíamos que si se daba cuenta que fuimos a hablar con los hombres nos iba a regañar.

A veces íbamos a recoger las vacas y lo encontrábamos en el camino, por bromear nos decía, "¡Aja bichas! ahora regrésense a traer las vacas mías al cerro". Pero le contestábamos, "Nosotras ya vinimos, ahora le toca a usted". Él me quería mucho, yo pude sentirlo. Nunca me dijo mi nombre, él me llamaba Chicholi y siempre le decía a mi madre que no me castigara. Le gustaba hacerme bromas. Yo tenía una vaca, bueno sólo de nombre, que mi madre me había regalado, se llamaba nube gris. Mi tío jugando me decía, "Chicholi regálame la nube gris".

A las cinco de la tarde mi tío se acostaba en una hamaca, encendía la radio para escuchar Las Rancheras de Conchagua. Desde ahí le gustaba enamorar a las muchachas que pasaban en frente, "Mamacitas me voy a casar con ustedes". Él tuvo sus aventuras, durante una pelea con mi tía Amalia se juntó con una novia por poco tiempo y la dejó embarazada. Regresó con mi tía Amalia y la embarazó a ella también, tuvo dos hijas de casi la misma edad. Cuando él se murió, una muchacha llegó donde mi mami a dejarle flores y las muchachas que él enamoraba lloraron mucho por él.

Mi tío tenía sus amigos y le gustaban los tragos. Una vez que venían tomados tuvieron un problema con otro grupo y se dispararon. Él siempre andaba su pistola. Un hombre del otro grupo murió y por eso mi tío estuvo 6 meses preso. Lo dejaron libre porque el abogado argumento que los disparos de él no fueron los que mataron a la persona, mientras que sus otros 2 amigos quedaron presos por más de 20 años. Iván López, uno de los que quedó preso, al salir de la cárcel dijo, "Si lo hubieran condenado por lo que pasó, él aun estuviera vivo".

Una tarde cuando volvíamos de traer el agua con mis hermanas encontramos a un señor muy conocido por mi familia, tengo en mi mente tan presente sus palabras, "Aligérense niñas, ha pasado una desgracia; su tío ha tenido un accidente". Yo hubiera querido volar, caminaba lo más rápido que podía a mis ocho años. Llegamos a casa lo más pronto que pudimos. Mi cuerpo temblaba, el llanto me ahogaba. Habían muchas personas afuera de la casa de mi tío y otras habían corrido hasta el terreno donde había ocurrido el accidente. Fue una gran fatalidad, mi tío nos había dejado, estaba muerto.

El tractor con el que estaba trabajando la tierra para sembrar el maíz le cayó sobre su cuerpo. Fue un catorce de mayo, un día viernes. Él era una persona muy querida y respetada; vinieron personas a su funeral de todos los lugares cercanos. Fue uno de los acontecimientos más dolorosos de mi niñez, su muerte me afectó muchísimo, no quise ir a la escuela ese año, mi madre estaba muy afectada; me comprendía y no me obligó a asistir.

Había un palito de tigüilote donde mi tío Manuel esperaba el bus, en frente del tigüilote, al otro lado de la carretera estaba mi mamá construyendo la casa del espino. Mi tío le comentaba, "Cuando ya esté tu casa ahí voy a entrar mientras espere el bus". La casa del espino se terminó semanas después que él falleció, nunca llegó a ver la casa habitada por nosotros.

AHÍ ESTÁ TU TATA

De mi padre no es mucho lo que puedo escribir, lamentablemente lo que recuerdo no es nada agradable. Sé que se llamaba Héctor García; él se casó con mi madre antes de cumplir los dieciocho años. Él procreó tres hijas, Laura quien es la primera, yo la segunda, y mi hermana Irene la menor. Lo primero que viene a mi memoria es que mi madre me dijo que él estaba preso en la cárcel de San Vicente por llevarse por la fuerza a una mujer, que no era la primera vez que él había hecho algo así. Ella nos comentaba que habían vivido bien solamente poco tiempo, quizás entre año y medio a dos años. A él le gustaba tomar pero su debilidad eran las mujeres; no le importaba si estaban casadas, le daba lo mismo bonitas o feas, y si alguna mujer lo rechazaba era un problema para la joven.

Mi padre siempre deseó que mi madre tuviera un hijo varón; ella también repetía mucho que hubiera deseado que una de sus primeras hijas fuera un varón. Creo que él se sintió contento solamente cuando nació mi hermana Laura porque cuando yo iba a nacer no le prestó ayuda, ni la más mínima atención a mi madre. Cuando llegó el momento de mi nacimiento, mi mami tuvo que pedirle de favor a un señor llamado Rafael, quien trabajaba para ella, que fuera a traerle la partera. Mi papá se molestó mucho acusando a Rafael de haber ayudado a mi mami porque quizás él era mi verdadero padre. Mi papá se encontró con Rafael durante un entierro y lo atacó, le pego un machetazo en la cara dejándolo ciego de un ojo.

Yo no puedo juzgarlo, ni mucho menos condenarlo, pero como padre fue un desastre. Mi hermana Laura y yo lo conocimos en una cárcel. Mi madre le pidió a la niña Tanchito que nos llevara a verlo, el esposo de ella también estaba preso, y como siempre, a mi mami le gustaba delegar ciertas responsabilidades. Mi padre ya le había mandado un recado a mi mamá con la niña Tanchito que nos quería conocer. Recuerdo algunas palabras que me dijo ese día, me preguntó mi nombre y que a quién me parecía. Nunca olvidé mi respuesta, "Yo solita me parezco". Sé que esa respuesta le hizo gracia, lo vi reírse y nos preguntó por la niña refiriéndose a mi hermana Irene, ella nunca tuvo la oportunidad de conocerlo. Sólo compartimos unos minutos con él, me regaló una valijita de madera de color rojo y a mi hermana Laura una amarilla, "Para que lleven los útiles a la escuela". Las valijitas las fabricaban algunos de sus compañeros que estaban presos. Quizás tendría yo la edad de siete años, iba a empezar a estudiar mi primer grado luego de un tiempo.

Mis abuelos le pagaron un buen abogado para sacarlo de la cárcel, dicen que siempre lo consintieron mucho, le cumplían todos sus caprichos; inclusive el casamiento con mi madre fue con dinero de sus padres. A él no le agradaba trabajar, sólo pensaba en divertirse. Mis abuelos paternos tenían sus terrenos y mucho ganado; mi padre venía de una familia económicamente muy estable, muy conocidos con comodidades pero eso no lo supo aprovechar mi padre.

La segunda vez que tuve un encuentro con él, él ya estaba libre. Lo vi a la entrada de la ciudad de Zacatecoluca, yo acompañaba a mi madre hacia el mercado. Recuerdo que mi mamá lo vio y me dijo, "Ahí está tu tata, ¡Salúdalo!". Yo me acerqué a él y lo salude, fue un momento muy breve, él me dio un billete de un colón y yo seguí mi camino, corrí para alcanzar a mi madre quien no se había detenido. "¿Qué te dijo?", me preguntó ella, yo le contesté que nada pero le mostré el billete de un colón, ella me dijo con algo de fastidio, "Que hombre tan desgraciado".

La tercera vez que tuve un encuentro con él fue cuando mi mami me mandó a que fuera a recoger la ropa donde una señora que le planchaba. En la casa de esa señora había un bordo en el patio desde donde se podía ver hacia la carretera. Yo estaba ahí y pude ver como mi padre venía en su caballo amenazando con su pistola a varios hombres que estaban en la entrada de un callejón. Esta vez él no me vio. Los hombres comentaban que iba tomado, gracias a Dios sólo quería molestarlos y no pasó nada más. Esa fue la última vez que vi a mi padre con vida, había encontrado trabajo de escribiente en una hacienda y fue cerca de su trabajo donde lo asesinaron. Algunas personas comentaban que el motivo de su muerte fue por una mujer que tenía.

Mi padre tenía seis meses de haber salido de la cárcel, y sólo tenía veintiocho años de edad cuando lo mataron. No puedo decir que lo extrañé, nunca conviví tiempo con él pero si crecí escuchando su nombre y a mi madre siempre quejándose de él, de lo irresponsable que había sido con ella y con nosotras sus hijas. Mi madre descargaba sus frustraciones con palabras hirientes para mis hermanas y para mí. Él procreó dos hijos varones con otra señora, pero igual nunca ayudó a esos niños. Las personas que lo conocieron nunca comentaban nada agradable de él. A si fue mi padre, deseo que si existe otra vida haya encontrado la paz que en esta vida no tuvo.

YO ESTABA APASIONADA

El mar, uno de los lugares que me encantó conocer, lo conocí cuando tenía siete años y medio. Recuerdo una tarde cuando llegaron unas personas a platicar con mi madre, le contaron que tenían pensado hacer una excursión al mar y le preguntaron que si tal vez ella quería participar, sólo tenían que pagar los adultos. Ella les contestó que lo iba a pensar. Bueno yo me di cuenta de lo que habían platicado luego que se fueron los señores.

Yo estaba muy contenta, deseaba que mi mami aceptara ir a la excursión. Le pregunté a mi mami cómo era el mar y ella nos explicó que era muy bonito, una gran inmensidad de agua y que había muchísima arena. "Hay que tener cuidado, porque si te entras en lo profundo las personas pueden ahogarse, más aún si no saben nadar", nos contaba historias de personas que ella había conocido y que se habían ahogado. Siempre decía que el mar era como un niño, cualquier cosa que pasara uno era el culpable por ir a buscarlo. Sentí mucha curiosidad por conocerlo.

La próxima vez que llegaron los señores a preguntarle que había decidido, mi mami les dijo que iríamos al mar.

Me sentí muy feliz, trataba de portarme bien para que ella estuviera contenta. Cuando sólo faltaba una semana para la excursión, mi hermana y yo platicábamos todos los días acerca de ese viaje al mar. No tenía traje de baño, pero no me importaba; todos los niños se bañaban con ropa interior y nadie se fijaba en esos detalles.

Llegó el día antes del viaje, mi mami se acostó muy noche preparando comida para llevar. Yo me fui a dormir temprano, pero me desperté muy rápido y recuerdo que le pregunté a mi mami, "¿Ya nos vamos a ir?". Ella me respondió un poco molesta, "Todavía no me he ido a dormir, vete para tu cama". Yo tenía miedo que se fueran a ir sin mí. El transporte en que fuimos era un camión grande, habían colocado muchas sillas y amarrado algunas tablas. Íbamos muchas familias.

La playa se llama El Cuco, quedaba bastante lejos de donde vivíamos. Cuando ya estábamos cerca de la playa se escuchaba un ruido extraño, muy fuerte, y se sentía un olor a sal. Mis ojos no podían creer lo que veía; era inmenso. La playa me gustó muchísimo, no quería salirme del agua. Por supuesto me bañé con mucha arena y me quemé muchísimo. Mi mami siempre estuvo muy pendiente de mis hermanas y de mí.

Fue un viaje inolvidable. El día que vi por primera vez el mar fue un domingo de Ramos. Gracias madre por haberme llevado a conocer el mar, sé que a ti no te gusta mucho el mar. Después de esa vez, todos los años ella hizo un esfuerzo por llevarnos a la playa, especialmente para la temporada de semana Santa. Hasta el día de hoy la playa es uno de mis lugares preferidos, cuando tengo la oportunidad voy al mar. Me gusta caminar por la playa, ver el amanecer y contemplar los atardeceres que son tan preciosos.

Otra cosa de la que quiero escribir es la música, porque llena mi vida, mi eterna compañera. En la Época de mi niñez pocas personas tenían radio. Mi tío Manuel era uno de ellos. Se acostaba por las tardes en una hamaca y decía, "Voy a escuchar mi programa favorito, las Rancheras De Conchagua". Yo jugaba alrededor y le ponía atención a la música. En otras veces cuando me mandaban a comprar a la tienda si escuchaba la radio en alguna casa me quedaba parada escuchando o caminaba muy despacio.

Muchas veces le pedíamos a mi mami que por favor nos comprara un radio. Los vecinos tenían uno y cuando le subían el volumen se escuchaba la música en mi casa. Yo me sentía contenta. Un día pasó cerca de la casa un señor que tenía varios días emborrachándose porque se había separado de su mujer, andaba vendiendo su radio. Tengo en mi memoria el nombre de la marca, Televox. Alrededor de ese tiempo, mi mami estaba acompañada con el padre de mi hermana más pequeña. Él la convenció que lo comprara y al fin ya teníamos radio.

No me importaba que fuera usado, mis hermanas y yo podíamos escuchar música. Eso sí, con horario restringido, además que según mi madre, ella no tenía dinero para estar gastando innecesariamente en baterías. Algunas veces le sacaba las baterías al radio y las ponía al sol para que se calentarán, había escuchado que se cargaban y en verdad el radio sonaba otra vez fuerte aunque sólo fuera por un par de días.

A veces con mis hermanas escuchábamos radio novelas. Recuerdo algunos de sus nombres "Una Flor En El Pantano", "El Cielo Que Nunca Vi", "El Secreto De Sotomayor", "El Hombre Que No Se Dejaba Ver". Por supuesto en diferente tiempo. No podíamos escuchar más de dos y algunos cuentos. Cuando nos portábamos mal nos castigaban y no podíamos escuchar música. A mi madre no le gustaba mucho que yo pasara escuchando música, en ese tiempo yo no entendía lo que ella me quería decir con que yo estaba apasionada.

MI JUVENTUD

María Camila Sánchez Caicedo

ERAN OTROS TIEMPOS

A mis doce años yo podía hacer la mayoría de oficios de una casa. Lavar, cocinar, planchar, y hacer la limpieza. Sacar agua del pozo era una tarea que requería muchas energías. No cocinaba nada especial, en casa se comía comidas sencillas. Para lavar la ropa teníamos que ir al río llamado Benigno. Para llegar ahí, viajábamos por diferentes sembradíos y algunas veredas. Veíamos algunas casitas fabricadas de zacate, grandes extensiones de tierra con pastos verdes y mucho ganado. Caminábamos rápido por miedo de que algún toro se nos acercara y pudiera hacernos daño.

De pequeñas mis hermanas o yo teníamos que lavar la ropa pequeña. Cuando éramos adolescentes lavábamos ropa grande y si no quedaba muy limpia mi mamá nos daba con la misma ropa en la espalda para que aprendiéramos. Ella siempre decía, "Cuando se casen me van a insultar sus esposos, van a decir que yo no les enseñe a ser mujeres de casa".

A veces íbamos muy lejos a otro río que se llamaba El Silencio, era un río precioso. Ahí no se podía ir caminando, íbamos en carreta. Mi madre llevaba tortillas, queso, y huevos duros. Al medio día encendían el fuego y cocinábamos a la orilla del río. Por la tarde volvíamos a casa. Ir a ese lugar me gustaba a pesar que quedaba muy lejos. A mi mami siempre le gustaron esos ríos en donde no encontraba muchas personas, los más solitarios. A ella le gustaba ir por la tarde a un río llamado Siguapate, el agua de ahí era de un color extraño. A mí no me gustaba ese río, me daba miedo. Ese río quedaba entre medio de un terreno llamado El Potreron y otro llamado El Cerro. El Potreron era de mi mami y El Cerro era un terreno de mi tío Manuel. Dios siempre nos cuidó, esas tierras eran muy solitarias; no habían casas cerca de ahí. Las personas Respetaban a nuestra familia, eran otros tiempos.

Pronto me llegó la adolescencia, tiempo muy difícil para entenderme con mi madre. Lo que estoy escribiendo es la verdad, ella era muy estricta, nada de lo que yo hacía le parecía correcto. Yo me fui haciendo muy rebelde.

Recuerdo una vez Laura, Irene, Odi, una prima de ella, y yo tuvimos la idea de comprar cigarros. No teníamos dinero, así que nos tocó pedir dinero para golosinas, talvez nos daban unos cinco centavos. Ese día estábamos de suerte, porque no siempre nos daban dinero. El próximo viaje a traer el agua juntamos el dinero. Nadie quería entrar a la tienda así que yo dije que iría por ellos y también compre una caja de fósforos. Empezamos a fumar tratando de ocultarnos de las personas mayores que encontramos por el camino. Casi nos ahogábamos con el humo. La prima de Odi dijo que ella no quería fumar, todas le contestamos que era tonta, pero las tontas éramos nosotras.

Mi madre se dio cuenta que ya éramos casi unas señoritas; ya no le agradó que fuéramos a traer agua. Para ella entre menos salíamos mejor. Mandó a construir un pozo afuera de la casa; buscó a un muchacho llamado

Alonso que hacía ese trabajo y otra persona más que lo ayudara. En la casa esto fue un gran acontecimiento; eran pocas las familias que podían contar con un pozo de agua potable. El primer día, toda la mañana estuvo Alonso marcando donde se intentaría encontrar agua, él decía que esperaba que no estuviera tan profunda.

A la semana de empezar a trabajar, Alonso se encontró con una roca grandísima, no podían avanzar así que decidieron ponerle dinamita. ¿Cómo la consiguieron? ni idea, pero les dio resultado. Todos los días después de que el pozo llevaba veinticinco metros de profundidad yo les preguntaba, "¿Todavía no han encontrado agua?", la respuesta, "¡No!". Al fin, cuando llegaron a los cuarenta y dos metros de profundidad encontraron agua. Todos en casa estaban felices, fue una gran noticia, por primera vez teníamos agua en casa. Pronto comprendí que era una oportunidad menos de poder salir.

Esporádicamente íbamos a recoger el ganado, Nos íbamos por una vereda cortando manzanitas y montes. En el terreno había guayabillas, una fruta pequeña parecida a las guayabas. Por todo el camino iba platicando con mi hermana Irene. A veces cuando nos tardábamos más tiempo de lo acostumbrado mi madre nos estaba esperando fuera de la casa; nos interrogaba muy desconfiada. Así fue como empecé a mentirle por miedo a un castigo.

En ese tiempo todos los fines de semana se hacían bailes en los alrededores donde vivíamos. Las fiestas eran con música de cuerda y otras veces con tocadiscos. Desde la puerta de la casa veíamos pasar los músicos con sus Instrumentos, a veces se escuchaba la música hasta la casa. Al principio nos invitaban a participar de la fiesta, luego las personas ya ni entraban a la casa, sabían que no nos daban permiso y creo que era mejor así.

En una ocasión fuimos con Laura y mi madre a visitar una comadre suya llamada Ester Cativo, la cual era una maestra. Por coincidencia, ese día la señora tenía una fiesta, ella estaba cumpliendo años y le pidió a mi mami que nos quedáramos esa noche. Mi mami aceptó, más que todo por educación. A la hora que empezó la fiesta todas las jóvenes empezaron a bailar. Laura y yo sentadas junto a mi madre sólo observando el baile. En ese momento la señora Ester se acercó a mi mami y le dijo "Por favor comadre, permítale a las muchachas que bailen, que se diviertan, son jóvenes". Con desagrado nos dio permiso, pero claramente dijo que solamente podíamos bailar una pieza. Salimos felices a bailar pero cuando sonó la siguiente canción seguimos bailando. Aún me parece escucharla, la canción se llama Yo Me Voy Y Tú Te Vas del grupo Abracadabra. Recuerdo mi madre no pudo controlarse, se puso de pie y se dirigió primero a mi Hermana y la agarró por la oreja, luego a mí mientras que al mismo tiempo nos decía, "Les dije una sola pieza ¡burras!". Nos tocó vivir un momento tan bochornoso y desagradable. Los bailes nunca más fueron una diversión que me interesara.

NO QUIERO ANDAR VENDIENDO

Dejé dos días de escribir porque para mí escribir sobre esta parte de mi vida no es nada fácil, hay muchos sentimientos encontrados, tristezas y alegrías. Pienso que la adolescencia nunca ha sido fácil, ni hace muchas décadas atrás, ni lo es ahora. En este tiempo es un poco más fácil buscar ayuda, existen tantos medios como hacerlo. En mi tiempo de adolescencia era más complicado, la mayoría de padres creían que todo podía resolverse con castigos; mi madre era una de esas personas.

Mi madre decía que sus hijos tenían que aprender a ganarse la vida, que teníamos que hacer de todo menos robar, ni prostituirnos. A este tiempo ya no arreaba el ganado con tanta frecuencia. Mi hermano Adonis ya tenía siete años y mi mami le dio a él ese trabajo y a mi otros oficios. Uno muy aborrecido hasta la fecha fue vender pan por las tardes. Mi madre me dio cinco colones, un mantel, y un huacal para ir a vender; el pan lo compraba de la panadería de don Chabelón que quedaba en la ciudad de Zacatecoluca.

Para ir a traer el pan tenía que irme en el bus que

pasaba a las doce y media, luego me regresaba caminado para vender el pan. No me gustaba pasar por las casas, la mayoría de veces les preguntaba a las personas, "¿Van a querer pan?", la respuesta era, "No, hoy no tenemos dinero". Talvez antes que mí ya había pasado otra vendedora. Eran pocas las señoras que me compraban. Todos los días pasaba por la casa de la familia palacios, ellos me querían mucho, dejaba a un lado la venta y me ponía a platicar con mi amiga Odi y su familia. Una vez me dijo la madre de ella, "Hija, nosotros te queremos pero ya es tarde y tienes que seguir vendiendo el pan". Ella sabía que me podían castigar, así que seguí mi camino. Cuando ya era muy tarde y no había terminado la venta me preocupaba mucho, le pedía a Dios poder venderlo.

Yo recuerdo que en casa siempre había queso, crema, huevos, requesón, y maíz para hacer tortillas. Puedo decir que teníamos lo necesario para vivir. Dinero posiblemente no, pero en una emergencia se podía vender una vaca o un ternero. Algunas veces era necesario ir a vender maíz para tener efectivo, de eso vivíamos y de vender la leche.

Todos los años se sembraba maíz. Se cultivaban pipianes en las tierras que se podía cultivar. Uno que otro año se sembró arroz. Las primeras semanas de sembrado del maíz teníamos que ir bien tarde a los terrenos a espantar los pájaros para que no se comieran los granos de maíz. Gritábamos y corríamos por el terreno. Siempre teníamos oficio que hacer. Cuando se recogía la cosecha se vendía una parte y otra se dejaba para venderla después a mejor precio o quedaba para el consumo nuestro.

No muy lejos de la casa vivía una señora que tenía una gran tienda. Allá íbamos con mi hermana Irene a vender el maíz y nos daban una lista para con el dinero traer algunos alimentos. Eso no me molestaba porque íbamos directo a venderlo, lo que no me gustaba era que me mandara al mercado. Siempre había quien lo comprara, el problema era que mi mami decía el precio al que podía venderlo, pero la mayoría de veces me ofrecían unos centavos menos. El tiempo de la venta pasaba rápido, luego me tocaba venderlo al precio que fuera y así lo hacía. Al terminar la venta, con mi lista en la mano, tenía que comprar lo que me había encargado. Mi madre también tenía determinada hora para volver a casa. Siempre pidiéndole a Dios que lo que había comprado fuera de su agrado porque si no me decía que era una gran tonta, que no me fijaba para comprar, pero lo que más me dolía era escucharla decir que mi hermana Laura lo sabía hacer mejor, me decía, "¡No sirves para nada!", yo le respondía "¿Por qué no la mandó a ella entonces?". Me castigaban por contestar de mala manera, con palos o lazos, y me decía, "Lo que más me molesta de ti es que nunca te quedas callada". Se perfectamente que a mis hermanas también las castigaba, pero quizás a mí me afectaba mucho más que a ellas.

Los domingos por la mañana tenía que vender minutas, compraba el hielo, los jarabes y el cepillo que se necesita para raspar el hielo. A la orilla de la carretera, en una ramada ponía mi venta, en ese tiempo no tenía los doce años todavía. Un día una señora le fue a contar a mi madre que yo me estaba riendo con unos hombres y que ella vio que me tocaban. Ese día mi madre me castigó con toda su furia por una gran mentira, llorando yo le decía, "¡No quiero andar vendiendo!". Le di gracias a Dios el día que dejé de andar vendiendo. Fueron pocos años pero los tengo en mi memoria como algo tan desagradable; un episodio triste.

En el terreno del Potreron habían muchos árboles de aceituna, conocidos como Jucumica. En el tiempo de cosecha íbamos a pepenar por las tardes, las secábamos al sol y cuando ya estaban secas las machucábamos y luego las vendíamos. Unas señoras en la entrada de la ciudad las compraban por libras. Una parte de dinero lo guardábamos para comprarle un regalito a mi mami por el día de la madre, yo ya estaba jovencita.

Para las vacaciones de fin de año íbamos a una finca de café llamada Siete Joyas, era una finca grandísima. Por las tardes subían camiones a recoger el café y luego lo llevaban al beneficio que estaba en Zacatecoluca. Durante la temporada de cortar el café había trabajo para el que lo necesitara. Llegaban a esa finca muchísimas personas de todas las edades y de diferentes lugares a trabajar.

Siempre iban las Palacios a cortar café; compartíamos momentos agradables. Hacer ese trabajo fue agradable, ahí conocí a una joven que no quería volver a su casa porque se había enamorado de un hombre casado. Era una joven muy simpática llamada Tila, ella vivía en el departamento de San Miguel, muy lejos de mi hogar. Sin consultar con mi madre, mis hermanas y yo le dijimos que podía quedarse en nuestra casa.

En mi casa fue bien recibida, se quedó por largo tiempo viviendo con nosotros. Mi hermano Adonis, a manera de broma le preguntaba que si tenía mamá. Ella le contestaba "Claro que tengo mamá y papá". Él todavía era un niño y quizás no entendía porque ella no volvía con los suyos.

Terminadas las vacaciones volvía a las clases. El quinto y sexto grado lo estudié un una escuela llamada El Espino. El maestro nos daba temas para investigar y los desarrollábamos en grupos de cuatro o cinco alumnos. Cuando teníamos todo listo pasábamos al frente y exponíamos el tema. Mis compañeros siempre me elegían a mí para que lo explicara.

ALGUNA VEZ ME AMARON

Fue un tiempo especial en mi vida. Recuerdo un presente que me dio mi maestro, fue el libro de Robinson Crusoe, un libro de aventuras. Me encantó. Luego el próximo año comenzaría el tercer ciclo y me iría a estudiar a una escuela diferente. No todos mis compañeros pudieron seguir estudiando, sus padres no tenían posibilidades y prefirieron que les ayudaran trabajando. Me reencontré con algunos de ellos, pero con la mayoría perdí contacto.

A mí me matricularon en la ciudad de Zacatecoluca, en el colegio llamado San Pablo. Entonces comienza una nueva etapa de mi vida, conocí amigas y amigos con diferente forma de comportarse. Ese mismo año ocurrió un acontecimiento muy importante, la carretera que unía Zacatecoluca con San Vicente se iba a pavimentar. Nuestra casa quedaba enfrente de la carretera a la altura del kilómetro ochenta y dos. Empezaron los trabajos de terracería, la mayoría de muchachas miraban con admiración a esos hombres. Yo fui una de ellas. Había desde peones, choferes, técnicos, mecánicos, ingenieros y no sé cuántos más. Lo más interesante era que todas las personas no eran del lugar. Me gustaba un joven mecánico, era una persona muy agradable; la atracción fue mutua. Él fue mi primera y gran ilusión, a esa edad es tan fácil soñar. Él conoció a mi familia, tuvo lindos detalles pero no dejó de ser una ilusión. Fue la primera vez que me rompieron el Corazón.

Para esas vacaciones mi madre quiso que hiciera algo diferente. Ella tenía una conocida, una Señora llamada Victoria de Muñoz, esta señora tenía dos tiendas grandes de zapatos. Una en su casa y otra en el mercado. Mi mami le pidió el favor que me diera trabajo los fines de semana. Para las vacaciones iría todos los días. La niña Toya, como todas las personas le llamaban, acepto darme la oportunidad de trabajar. Ella me pagaba cinco colones por día. Ahí trabajaban cinco empleadas más, todas jóvenes pero mayores que yo. Al principio me miraban con indiferencia, pero pronto nos hicimos amigas. De todas ellas América era especial. Ella siempre tenía una palabra de cariño y me enseñaba los precios con paciencia.

La niña Toya me decía que si algunos zapatos me gustaban que los tomara y se los pagara como pudiera. Recuerdo estaban de moda unos zapatos que se llamaban frijolitos; yo pude obtenerlos, se los pagué por cuotas. También pude comprarme cosméticos, esmaltes de uñas. Al principio, a mi madre no le agradaba que me maquillara, pero luego se acostumbró. Los fines de semana eran cuando más se vendía, también en Semana Santa y todo el mes de diciembre. Lo que si le molestaba a la niña Toya era que faltara al trabajo. Para la Navidad ella me regalaba un par de zapatos, era una señora muy especial, sería por eso que tenía muchos clientes.

EXTENDÍA SUS MANOS QUERIÉNDOME ALCANZAR

Empezaría un nuevo año escolar, mi hermana Irene había terminado el sexto grado e iba a empezar su tercer ciclo en el Instituto Nacional, por ese tiempo el más grande de Zacatecoluca. Mi mami ya no podía pagarme el colegio San Pablo, me dijo que yo ya no podía seguir estudiando. Yo le pedí entonces que por favor me permitiera estudiar en donde estudiaría mi hermana, pero ella me respondió que no tenía dinero para comprarme los libros que el Instituto vendía. Yo la convencí que yo podía conseguir unos usados y así fue.

Me sentía muy contenta de poder ir a estudiar; en la ida viajábamos en el autobús que corría de San Vicente a Zacatecoluca, pero regresábamos caminando. Pasábamos a una tienda a comprar fruta helada, caminábamos en grupos charlando despreocupadamente. Fue un tiempo maravilloso. Luego de unos meses los buses urbanos llegaban a metros de mi casa y ya no teníamos que caminar. Con algunos choferes entablamos amistad, me gustaba platicar con diferentes personas, tenía cualquier cantidad de conocidos, pero también siempre hay alguien a quien no le simpatizaba. Podía escuchar a mis espalda decir, "Ahí van las dueñas de los buses". Eso nunca me afectó. Perdía el tiempo muchas veces dando vueltas en el bus, por supuesto nunca me cobraban el pasaje. Por eso me regañaba mucho mi madre, yo le mentía; le decía que había salido tarde pero me parece que ella nunca me creyó. A veces me decía que tenía espías por todas partes.

Mi hermana Laura se había ido a vivir a San Salvador con unos parientes. Era bien difícil comunicarse, no teníamos teléfono en casa. Mi mami me encomendó que fuera a Antel, las oficinas de telecomunicaciones, para hablar con Laura. Ese día cuando salí de clases pasé a hablar por teléfono. Había muchísimas personas esperando poder hacer llamadas, aun cuando en esta oficina existían muchas cabinas telefónicas y dos teléfonos públicos afuera. Estos momentos están en mi memoria como si hubiera pasado hoy mismo. Él telegrafista que estaba en turno me pidió el número al que quería llamar. Se lo di y me dijo que tenía que esperar. No tengo paciencia para esperar, pasados unos diez minutos me puse de pie, caminé para el mostrador dispuesta a decirle que cancelara mi número al mismo tiempo un joven me sonreía del otro lado del mostrador y me hizo una señal. Me miraba fijamente, me acercó un teléfono y me dijo, "Puedes llamar de aquí". Yo me puse nerviosa, no sabía que decir, le di el papel donde tenía anotado el número. Me lo marcó y hablé sólo unos tres minutos, no podía hablar más. Lo tenía frente a mí y él me observaba, mi voz nunca ha sido suave. Le di las gracias y me salí de la oficina. Sentí una extraña sensación, así fue como conocí a Adrián Coral, un hombre con mucho carisma.

Varios días después mi madre me dijo que fuera otra vez a hablar por teléfono con mi hermana. Lo que sucedió fue bastante parecido sólo que esta vez cuando salí de las oficinas de Antel Adrián estaba afuera. Ahí estaban un grupo de muchachos a la par de varias motos, las que se usaban para ir a entregar los telegramas. Él hizo como que estaba charlando con los muchachos, pero en segundos estaba hablando conmigo. Ese día hablamos lo más indispensable. Él tenía una forma muy agradable de comunicarse. Le comenté donde estudiaba y que los fines de semana trabajaba con la niña Toya. Él la conocía, la verdad que él conocía casi a medio pueblo.

Desde aquel día tratamos de vernos las veces que fuera posible. No era fácil, pero cuando se quiere se puede. Los fines de semana cuando salía de mi trabajo él siempre me invitaba a disfrutar de un helado y platicábamos largo tiempo. Teníamos mucha química. Él se comportaba como todo un caballero, todo era demasiado bonito. Hasta que un día cuando llegué a la zapatería mis compañeras de trabajo se miraban entre ellas pero luego mi amiga América me dijo que tenía algo que contarme, me dijo que por la tarde habían visto a Adrián con otra persona. Fue así como tomamos la decisión de no vernos más sin discusión. Los días fueron pasando y pronto volví a estabilizarme, me sentía contenta estudiando.

Los días martes nos tocaba clase de deportes, primero corríamos alrededor de la cancha y luego se formaban dos equipos. El Señor Ortiz, mi maestro de educación física me tenía mucho cariño; yo lo molestaba diciendo, "Hoy no quiero hacer ejercicios", él nunca se molestaba conmigo. En el Instituto había una cafetería donde se vendía unos panes deliciosos con mortadela y escabeché, eran deliciosos, no siempre podía comprarlos. Un día estaba en la cafetería el Señor Ortiz, yo entré a comprar una golosina pero el pago lo que pedí. La próxima vez que fui a comprar la señora me dijo, "Dice su papá que pude pedir lo que quiera". No sé porque nunca le aclare a la señora que él no era mi padre. Algunas compañeras pensaban lo mismo del Señor Ortiz. Pienso que en cualquier lugar que me ha tocado estar, Dios siempre me ha puesto un ángel para que me haga la vida más fácil y mi forma de conversar me ha ayudado muchísimo.

Cuando salíamos de clases con mis compañeras nos gustaba ir a una cafetería que se llamaba La Moda, vendían unos sorbetes deliciosos. Ahí podíamos escuchar música, escuchábamos Luces de Nueva York. Yo me sentía contenta en ese momento con mis compañeras. Otras veces cuando estábamos en tiempo de exámenes una de mis compañeras nos decía "Vamos a Ichanmichen", un turicentro que queda en Zacatecoluca. Todas ellas vivían en el centro de la ciudad, Pero yo no y al salir con ellas me tomaba mucho tiempo en regresar a casa. Al llegar encontraba a mi mami muy enojada, me decía de todo lo que se le venía a la mente. Pero era la única forma de divertirme, mi mami nunca nos daba permiso ni a mis hermanas, ni a mí para salir a pasear.

Hay momentos que puedo ver mi vida como si estuviera viendo una película. Los tiempos de estudiante fueron años maravillosos, a pesar de las dificultades que pude haber vivido. Sé compartir con muchas personas, no era difícil ponerle cariño a una compañera de escuela. Por eso quizás tengo tantas vivencias. Una de ellas es la amistad que tuve con mi compañera Rita, ella era prima como en segundo grado. En el año escolar de mil novecientos setenta y cuatro, antes de mis años en el Instituto, cuando yo tenía catorce años, nosotras Íbamos todo el día a clases y por la tarde siempre caminábamos juntas en dos grupos.

Una mañana Rita estaba muy triste. Ella tenía un novio llamado César y esa mañana me contó que ya no quería tener a César de novio. Me dijo que habían cortado. Esa tarde cuando volvíamos de la escuela César la estaba esperando. Yo me quedé atrás platicando con un muchacho pero de pronto él me dijo, "¡Mira, se llevan a tu prima!". César y Rita se alejaron de la calle principal y entraron por un callejón. Corrimos para alcanzarla, pero este hombre, César, llevaba una pistola en la mano y con la otra apretaba muy fuerte a mi prima. Mi amigo le dijo que no era correcto como se estaba comportando. César respondió que no nos metiéramos. Dicho estas palabras, mi amigo se regresó del camino para avisarle a la familia de Rita lo que estaba pasando. Pero yo no quería alejarme de ella. Yo le suplicaba a César que la soltara. Mi prima Rita lloraba mucho y extendía sus manos queriéndome alcanzar.

Seguimos caminando por mucho tiempo, por momentos yo podía tocar a mi prima. Cuando lo hacía él me apuntaba con su pistola y me decía que no los siguiera más. Pero yo no quería darme por vencida, me daba mucho coraje lo que estaba pasando. En el camino encontramos muchas personas, ese callejón conducía a muchos lugares. Las personas que vivían a la orilla del camino salían a ver, otras miraban desde el patio de sus casas. Pero nadie tenía valor para defenderla. Los comentarios que escuchaba eran, "¡Devuélvase para su casa! tal vez ella le dio palabra de irse con él". Caminé mucho tiempo acercándome a ellos. Mi prima había dejado en el camino sus sandalias, y su vestido estaba desgarrado. En un punto me detuve, me di cuenta que nada podía hacer. Él estaba decidido a llevársela, mientras ella me gritaba que no la dejara sola con él.

Me regresé a casa y por el camino me encontré algunos parientes de ella. Ellos me hacían muchas preguntas al mismo tiempo que se referían a él con toda clase de insultos. Cuando llegué a casa, mi madre me entendió y no se molestó por lo que hice. Ella siempre nos decía que ningún hombre podía obligar a una mujer para que lo amara. En la escuela todos comentaban de lo que había pasado.

Justo dos días después, se presentó el padre de César en mi casa para hablar con mi madre y conmigo. Esa mañana, el señor se disculpó por la forma como su hijo se había comportado. Él sabía que si la familia lo denunciaba que su hijo iría preso. El padre de César no quería que yo testificará en su contra. Yo le contesté que sólo diría la verdad. Pero al final ambas familias llegaron a un acuerdo. Él se casaría con mi prima, no iría a la cárcel y ella no quedaría burlada. A la semana, yo venía de dejar las vacas en los pastos cuando por un puente me los encontré. Rita me saludó, ella estaba muy cambiada y hablaba mirando hacia el suelo. No me veía de frente. Me dijo que la siguiente semana se iba a realizar su boda. Fue una conversación breve, y con tristeza me di cuenta que ya no seriamos amigas. Nunca volvimos a tener una comunicación. A los pocos años escuché un comentario que se habían separado.

QUE TODO SEA PARA TU BIEN

Estaba por finalizar el noveno grado, cuando volvíamos a casa de estudiar junto con mi hermana Irene siempre conversábamos de cómo nos había ido en el Instituto. Un día entramos a casa y vimos a varios señores comiendo en nuestra mesa. Me sorprendí porque eran personas desconocidas. Uno de esos jóvenes me miró con admiración al mismo tiempo que cruzábamos un saludo. Me dirigí a la cocina y mi madre me dijo que un ingeniero le había pedido que por favor les vendiera comida.

Esas personas eran empleados de una empresa de construcción. Esta empresa tenía a sus empleados trabajando cerca del río sacando un material, y tenían una maquina la cual creo que se llamaba Compresor. El joven encargado del Compresor se llamaba Federico Augusto. Federico era una persona educada, callada, y muy tranquila. Con un niño, Federico me envió una carta en la que me decía que yo le gustaba mucho. No le respondí, pero pronto hablamos. Él me cayó muy bien y le dije que podíamos conocernos. Él vivía muy lejos en el departamento de Santa Ana. No se quedó mucho tiempo trabajando cerca de la casa, solamente unos dos meses.

Por ese motivo tenía que pedirle permiso a mi mami así podía venir a casa cuando él tuviera tiempo disponible. Él habló con mi madre, y ella estuvo de acuerdo que me visitara.

Federico por lo general venía dos veces al mes y en alguna fecha especial. Él hacía un esfuerzo por comunicarse, me escribía pero no había correo donde yo vivía. Con los meses le di la dirección de la señora de la cafetería del colegio. Yo me había hecho muy amiga de ella y en los recreos yo le ayudaba a vender. La Señora se llamaba Lucy, ella era una señora guapísima. Federico siempre tenía detalles para mí, un regalo que nunca olvidé fue un Radio de color azul. Escuchar música era y es lo que más me gusta. Mi cantante favorito es José Luis Perales. Para ese tiempo ya no me preocupaba si se gastaban las baterías porque yo podía comprarlas. Muchas veces Federico me dejaba dinero para que me comprara alguna golosina en mi colegio.

Federico siempre fue bien recibido por mi familia, él fue recibido con cariño incluso por mi madre. Mi mami era una señora muy desconfiada y que difícilmente le gustara algún muchacho para sus hijas. Pero también debo mencionar que él era una persona muy respetuosa. Mi hermano Adonis estaba entrando en su adolescencia y él se alegraba cuando Federico nos visitaba. Se creó un lazo de amistad inquebrantable entre ellos. Luego de varios meses que Federico me visitaba, él habló con mi madre y dijo que le gustaría que conociéramos su casa y familia. Él decía que me amaba y quería que yo fuera su esposa. A mí no me desagradaba la idea, yo también lo quería. Así fue como un fin de semana fuimos con mi madre y mi hermana Irene a conocer su familia. Ellos se portaron súper bien, tuvieron muchísimas atenciones.

La madre de Federico era una mujer muy humilde; ella

tenía un gran parecido con él. La casa era muy grande; ahí vivía la señora Gabriela, una tía de él. La tía Gaby, como ellos la llamaban, era mayor pero soltera. También vivían sus tres hermanos y una hermana. Todo fue muy agradable.

Yo estaba estudiando mi bachillerato con mucho esfuerzo porque económicamente mi madre ya no me apoyaba. Yo hablaba de esto con Federico; él me preguntaba qué para qué iba a seguir estudiando si él nunca iba a permitir que su esposa trabajara. Aunque intelectualmente yo tenía un poquito de conocimiento de la vida; en realidad yo no sabía nada, era completamente ignorante. Hasta feliz me sentía de escucharlo hablar así. La verdad era que nuestro noviazgo fue bastante tranquilo. Compartimos poco tiempo; cuando él venía a casa nunca fuimos a pasear a ningún lugar, y en casa nunca estábamos solos.

En el año de mil novecientos setenta y nueve comenzaron algunos cambios en el país; en las escuelas universidades comenzaron manifestaciones. También en el tercer ciclo y bachillerato llegaban algunos alumnos a dar charlas en contra del gobierno. Gracias a Dios, mis hermanas y yo siempre nos mantuvimos al margen de estos acontecimientos. A finales de ese mismo año Federico y yo decidimos casarnos. Sus padres vinieron a casa a pedir mi mano; hablaron mucho con mi madre. Federico me trajo un presente; un anillo muy bonito. Los padres de él le entregaron una carta a mi mami en la cual me pedían en matrimonio para su hijo. Mi mami con mis futuros suegros charlaron por varios minutos. Pasaron varios días, yo le preguntaba a mi madre cuando le iba a contestar la carta, un poco molesta me respondió que contestaría la carta cuando ella lo estimara conveniente. Habló con un señor llamado Guillermo Palacio, el padre de mi amiga Odi, para que le ayudara a redactar la carta.

Él sabía escribir a máquina y era una persona a la cual mi madre le tenía confianza y respeto.

La próxima vez que el vino a casa mi mami habló muy seriamente con él. Lo primero que le dijo era que yo tenía un carácter horrible y que yo no sabía hacer nada en la casa. Era muy importante para los hombres que la mujer fuera virgen, por ese motivo mi madre le aclaró que cualquier duda con respecto a ese tema me lo preguntara a mí porque ella de ninguna manera quería que después de la boda le fueran a pelar la cara. Él como siempre bien educado, le contestó, "No se preocupe niña Emma".

Poco a poco fui organizando mi boda; empezando por buscar mi vestido, hacer invitaciones, y buscar damas de honor. No es fácil planear todos los detalles que implica un evento de esa índole; se necesita tiempo y muchas ideas. Yo me encargue de hablar con los padres de las adolescentes que iban a ser mi corte de honor, y con los padrinos de boda, que fueron solamente dos personas por mi parte y una pareja por parte de Federico. Las damas de honor fueron diez.

Yo no conté con ninguna ayuda para organizar mi boda. Siempre hay comentarios, más de alguna persona me preguntó por qué no me apoyaba mi madre o era que ella no quería que me casara. Claro que no era así. Mi futuro esposo se encargó de lo económico. Sé que él hizo un gran esfuerzo; él sólo contaba con su trabajo como fuente de dinero.

Antes de la boda religiosa se realizó el matrimonio civil. Yo me encargue de llevar los documentos a la Alcaldía y de buscar dos testigos. Mis testigos fueron mis dos amigas América y Odi. Fue el nueve de diciembre de mil novecientos setenta y nueve. No hicimos ninguna fiesta; ese día él se fue para su trabajo. Luego hay otros trámites que hay que realizar para una boda religiosa. Viví las últimas semanas antes de mi matrimonio sometida a una gran presión; llegué a pesar menos de cien libras.

El día antes de la boda había varias personas ayudando con los preparativos para que todo quedara bien para el día siguiente. Esa tarde se presentó toda la familia de Federico a la casa y esa noche casi nadie durmió. El día siguiente, muy temprano en la mañana estaban unas señoras cocinando, entre ellas mamá Alba y una señora que cocinaba delicioso la cual era amiga de la familia del que sería mi esposo.

Mandé a hacer cien tarjetas; yo me quedé con setenta y cinco y a él sólo le di veinticinco tarjetas, pero él muy inteligente sacó varias copias. Todas las personas que invité asistieron a mi boda. También puedo decir que recibimos cantidad de regalos. Los presentes fueron llegando desde un día antes. Mi familia estaba sorprendida, creo que no sabían la cantidad de gente que nos tenía aprecio. Por parte de Federico, a pesar de la distancia de donde se celebró la boda, todos sus compañeros de trabajo lo acompañaron. De su familia, la única persona que no llegó fue la niña Gabriela y fue por un gran motivo.

La ceremonia fue muy preciosa y pasó algo muy agradable; el sacerdote que nos casó nos dio de beber vino de su copa, los invitados y yo estábamos gratamente sorprendidos porque eso no ocurría en ese tiempo en las bodas. En la fiesta hubo suficiente comida y bebida. El papá de Federico estaba tan contento que hasta quemó cuetes.

Lo triste fue cuando llegó el momento de marcharme de casa; fue un momento muy difícil. Fue un veintinueve de Diciembre, y sería el primer año nuevo lejos de casa, lejos de mis hermanas. Me dolía mucho estar lejos de todos, extrañaría mucho a mi sobrino un niño muy querido. Mi madre me había comprado una maleta de cuero para que llevara mi ropa. Sólo llevé lo más indispensable; la verdad no tenía nada de valor. A las cinco de la tarde cuando salí de casa, no podía dejar de llorar. Me despedí de mi familia y de algunos invitados que todavía quedaban en casa. Antes de tomar un taxi mi mami me abrazó y me dijo llorando, "Hija recuerda que tu tomaste esta decisión, primero Dios que todo sea para tu bien". Jamás pensé que me doliera tanto alejarme de mi hogar, yo que tantas veces lo había deseado.

MI MATRIMONIO

María Camila Sánchez Caicedo

ROPA NUEVA

El taxi que tomamos nos dejó en la terminal de Zacatecoluca y luego tomamos un bus que nos llevaría a la terminal de San Salvador, y otro bus que iba para Santa Ana. Nos bajamos en Coatepeque, un municipio que pertenece a Santa Ana. Llegamos como a las ocho de la noche. Afuera estaban muchas personas esperándonos, entonces comprendí que la niña Gabriela no asistió a mi boda porque se quedó en casa preparado una cena muy especial y había invitado a los amigos más cercanos de Federico. Me recibieron con muchas atenciones.

Al día siguiente nos levantamos temprano para asistir a misa por sugerencia de la niña Gabriela. Ella era una señora muy católica y nos aconsejó que teníamos que ir a misa los domingos porque era muy importante para un matrimonio. Esa semana fue el comienzo de un nuevo año y de una vida completamente diferente para mí, Federico estaba de vacaciones así que estuvimos juntos esa semana. Luego él se fue a su trabajo y llegaba sólo los fines de semana.

Me sentía extraña; todos los de la familia me observaban. Las tres nueras de la niña Olivia, mi suegra, vivíamos bajo el mismo techo. También vivía mi cuñada María, aunque soltera tenía un niño. En total éramos seis mujeres y aunque la casa era muy grande sólo tenía un baño y un lavadero. La convivencia no era tan fácil como yo había soñado. Había cierta diferencia en las costumbres de las cuñadas de mi esposo y las mías; a mí me gustaba maquillarme, ponerme pantalones y blusas con escote, tener amistades. La niña Olivia me entrego las cosas personales de mi esposo y me dijo, "Ahora le toca a usted prepararle su ropa". El domingo se le dejaba listo el maletín porque lunes Federico se iba muy temprano a su trabajo.

No teníamos dinero, No teníamos nada material, ni siquiera lo más indispensable, pero sí muchos deseos que nuestro matrimonio fuera para siempre. La primera vez que él me dio el dinero para la comida yo no compré nada, y sin saber que para eso era me lo gasté en ropa nueva. Él no se molestó; eso siempre se lo agradecí. Cuando él pudo, Lo primero que él compró fue una cocina de corriente. Luego, por un hermano de él, me di cuenta que Federico había prestado parte del dinero para la boda.

Tal vez había transcurrido un mes de casada cuando sucedió un hecho muy lamentable para mí. Una señora conocida de la familia de mi esposo que vivía a dos cuadras me invitó a almorzar a su casa. Ahí llegó muy preocupada la mamá de Federico; desde afuera me llamó y me dijo "Rico ya vino". Salí a toda prisa. Cuando entré a la casa sentí una gran angustia; vi a mi esposo en total estado de ebriedad. Nunca lo había visto de esa manera; yo no sabía qué hacer, sólo sentía deseos de llorar. La niña Olivia sugirió que le diera café. Con dificultad se lo tomó, pero seguía igual. Volver a estar sobrio lleva tiempo. En mi casa nadie tomaba licor. Me pareció que para la familia de él era normal verlo en ese estado tan desagradable. Fue mi primera gran decepción y así se lo hice saber. El día siguiente él se disculpó. Yo pensé que rara vez tomaba, pero pronto me di cuenta que estaba equivocada.

Una de las cualidades que debo mencionar era que Federico siempre fue responsable. Él habló con la niña Gabriela y le pidió de favor que cualquier necesidad que se me presentara en su ausencia me ayudara. La niña Gabriela trabajaba en una tienda grandísima; ahí vendían desde comida hasta ropa. Ella estaba pendiente de mí y casi de todos los que vivíamos en su casa. La propiedad donde vivíamos era de ella. De vez en cuando ella hacía alguna sugerencia con mucha educación; hacía comentarios con mucha sutileza. A veces me decía "Hoy va a venir Federico, prepárele pescado", o me comentaba que la comadre, refiriéndose a la niña Olivia, "Siempre lo esperaba con pescado. A él le gusta mucho". La niña Olivia una vez me dijo que aunque yo estuviera enojada siempre le diera de comer a Federico porque él no sabía hacer nada. Eso le preocupaba a ella. Yo le contesté que se sintiera tranquila, yo trataría de siempre ofrecerle de comer y creo que así fue.

Habían transcurrido unos tres meses de casados cuando Federico me dijo que le gustaría ir a la playa con dos de sus compañeros de trabajo. Me sugirió que invitara a mi hermana Laura. Ella vivía en Zacatecoluca, los amigos y compañeros de trabajo en San Salvador, y nosotros en Santa Ana; así que planeamos encontrarnos en la terminal de San Salvador. Ese día llegamos a la terminal y de ahí sus amigos nos recogieron, ellos eran muchachos muy jóvenes y de familias económicamente muy estables.

Yo estaba muy contenta pensando que iba a disfrutar con mi esposo y mi hermana de un día de playa, pero ese paseo fue de lo más desagradable. El lugar al cual fuimos era bonito como todas las playas de El Salvador, pero luego que nos pusimos nuestros trajes de baño Federico y sus amigos pidieron cervezas. Él bebió hasta emborracharse; no me escuchaba, yo le decía que ya era suficiente. Sus amigos tomaron menos licor y en un momento quisieron sobrepasarse conmigo y mi hermana y como no les permitimos que abusaran de nosotras se molestaron. Ahora me da risa, se quedaron con ganas de divertirse con mi hermana y conmigo.

No disfrutamos de la playa; yo estaba muy avergonzada. Le supliqué a mi hermana que no fuera a contarle a mi mami lo que nos había pasado; lo mal que mi esposo se había comportado. Realmente mi madre le tenía cariño y yo no quería que ella lo viera con antipatía. Sus amigos nos dejaron nuevamente en la terminal de San salvador. Lo más difícil para mí fue cuando regresamos para la casa; durante el viaje de regreso él tocó el timbre del bus varias veces. Yo muy angustiada le pedía que se tranquilizara. El motorista nos veía por el espejo; yo le pedía a Dios que no nos fueran a bajar del bus.

Cuando llegué a casa lloré mucho. No lo voy a negar, estaba enojada y triste, era una mezcla de sentimientos. Cuando llegó la niña Gabriela me preguntó cómo lo habíamos pasado; yo le conté lo que había sucedido. Ella hizo un comentario que no me agradó; me dijo que ella se había imaginado lo que iba a pasar y la próxima vez él tiene que ir solo con sus amigos. "Usted no lo acompañe", me comentó; como se notaba que él era su sobrino. A mí no me molestaba que él bebiera, me molestaba la forma como bebía hasta perder la razón.

La vida para ese tiempo se estaba poniendo muy difícil; cada día había más enfrentamientos entre los militares y la guerrilla por todos los lugares del país. A finales de marzo de mil novecientos ochenta fuimos a visitar a un familiar, una hermana de crianza de mi madre llamada Sofía, ese día ocurrió el asesinato de Monseñor Romero. Al día siguiente todo era un caos; se escuchaba el ruido de las sirenas por las avenidas de San Salvador. Era señal que algo malo estaba pasando. El sonido de las sirenas nunca me ha gustado oírlo.

Mi tía Sofía era una señora de una estatura pequeña pero de carácter fuerte, muy directa y siempre hablaba sin filtro, pero también era muy hospitalaria y si alguien la buscaba ella compartía lo que tenía para comer. Ella sabía mucho de la vida, vivía en el centro de San salvador a cuatro cuadras del mercado Central. Mi tía le sugirió a mi esposo que nos fuéramos a vivir a ese lugar. Le dijo que había un cuarto disponible y que para él era conveniente vivir ahí, así podría viajar todos los días a su trabajo. El lugar no era tan agradable; algunas de las personas que vivían en esa zona trabajaban prostituyéndose. Nosotros no teníamos porqué opinar en la vida de esas personas; cada quien tiene su historia.

Federico y yo decidimos ir a vivir a San Salvador. Fue un gran cambio para él. A la niña Gabriela y toda su familia no le gustó la idea para nada. La niña Gabriela no hablaba mucho pero el día que dejamos su casa me dijo, "Se salió con su gusto, se lleva a Federico". Yo estaba tan contenta que no le contesté, pero también no lo hice porque la respetaba mucho y sabía cuánto quería a mi esposo.

Algo muy importante que quiero mencionar es que unas semanas antes de irme a vivir a San Salvador una de las cuñadas de mi esposo me comentó que Federico tenía una hija. Me sorprendió de manera desagradable porque él nunca me dijo nada de la existencia de algún hijo, algo que yo sí se lo había preguntado antes de casarnos. Luego hablé con él y me contestó con un rotundo "No tengo ningún hijo, pero sí aceptó haber tenido una relación con la supuesta madre". No le di gran importancia; yo no era una persona celosa, además fue antes de casarnos y como dicen por ahí, "Lo que no fue en tu año no te hace daño".

¿QUÉ ME HA PASADO?

El enfrentamiento armado seguía; estaba muy peligroso, sobre todo en las zonas rurales. Irene y Sara ya no podían quedarse en la casa del Espino. Por las noches ellas se iban a dormir a Zacatecoluca donde una familia amiga de mi madre, ella tenía miedo que algún grupo armado fuera abusar de ellas. Hasta que por fin se fueron a vivir a Zacatecoluca, mientras que en la casa del espino se quedó mamá Alba, y con ella mi hermano quien ahora cuidaba el ganado. Era una situación difícil.

Yo me preocupaba mucho por mi familia y también por Federico; él trabajaba en proyectos de carretera fuera de cualquier ciudad. Viviendo en San Salvador también me daba mucho miedo. Federico regresaba a la casa a las cinco de la tarde, pero cuando pasaba demasiado tiempo después de las cinco yo me preocupaba mucho, me salía a mirar desde el portón. Cuando lo veía venir me sentía muy contenta.

Mi mami vino a San Salvador a visitar a mi tía Sofía por unos días y una tarde mientras platicábamos en el corredor entró un hombre preocupado. Me estaba buscando; me dijo que era el motorista de la empresa donde trabajaba Federico. Él lo traía completamente borracho, en un estado deplorable. Federico al querer abrir la puerta del carro se tropezó y se golpeó parte de su rostro contra la cera. Con dificultad el hombre lo llevó adentro. Yo con mucho esfuerzo logré acostarlo en la cama. El motorista quería llevarlo al hospital pero yo por mi ignorancia y porque estaba muy enojada le dije que no era necesario. Pronto me sentí arrepentida de no haber permitido que lo llevaran al doctor. Federico comenzó a vomitar, y se orinó en la cama. Yo no sabía qué hacer, sólo le pedía a Dios que amaneciera y que Federico estuviera bien.

No dormí en toda la noche; como a las cuatro y media de la madrugada él se despertó asustado y se puso de pie. Luego mirándose en el espejo me preguntó "¿Qué me ha pasado?". Parte de su rostro estaba completamente inflamado, no podía abrir su ojo izquierdo. Yo le dije lo que le había sucedido y con un tono de voz enojada y preocupada le dije que fuéramos inmediatamente al médico.

Gracias a Dios al llegar al hospital lo atendieron pronto. Al regresar a casa mi madre habló con él. Ella estaba muy enojada y le dijo "Me arrepiento de haberle permitido que se casara con mi hija. Usted engañó a toda la familia. No le conviene, quiero que se separen". Él siempre callado, se veía muy apenado. La niña Olivia vino a verlo; ella reacciono todo lo contrario, no se enojó con él y creo que nunca le llamó la atención. A ella sólo le importaba que él estuviera bien, así como toda madre quiere a su hijo. Esta vez Federico me prometió que ya no iba a tomar. Él no quería que nos separáramos, tenía planes para irnos a vivir a otro lugar mucho mejor. Me decía que iba a solicitar un préstamo para nuestra casita. Él también tenía muchas ilusiones que pronto pudiéramos tener nuestro primer hijo. Yo quería planificar; no quería embarazarme tan pronto pero no me cuidaba.

En el mes de agosto estaba segura de mi embarazo y a pesar de todos los inconvenientes que se presentaban yo estaba contenta. Yo no me sentía preocupada para nada, Federico ya había aplicado para un préstamo y queríamos tener nuestra casita. Él también estaba muy contento y pronto le darían una respuesta. Teníamos planes para que nuestro hijo tuviera una vida mejor. Él estaba muy feliz me decía, "Cuando nazca mi hijo lo llevare a jugar al campo".

Quiero decir que Federico era muy celoso y no le gustaba que yo saliera con nadie incluso con mi tía Sofía. A veces íbamos al mercado y cuando llegábamos lo encontrábamos molesto. Yo le daba una gran explicación. Federico apreciaba a mi tía, pero él no confiaba en nadie. Cuando él no estaba presente mi tía me decía, "Que hombre tan celoso".

Creo que el único tiempo que no me celó fue durante mi embarazo. Yo trataba de adaptarme a esa vida, para mí no era fácil porque estaba acostumbrada a tener muchos amigos; no lo niego yo tuve muchos amigos en mi tiempo de estudiante. Él siempre me decía que no existían los amigos y si alguien buscaba mi amistad era puro interés. Así pensaban la mayoría de hombres machistas.

Un día pasó algo que me llenó de mucha angustia, eran ya las siete de la noche y Federico no había llegado del trabajo. Mi tía también se dio cuenta y me lo comentó. Yo no quería preocuparme pero es algo que no se puede evitar. Me hacía muchas preguntas. Yo sabía la hora que pasaba el último bus por su trabajo, en esa época los buses dejaban de correr temprano. Cuando llegaron las diez de la noche todas las personas empezaron apagando las luces de sus casas. Sentía una terrible angustia, mi tía me dijo

"Vete a acostar, mañana vamos a ir a buscarlo a la oficina, primero Dios todo va a estar bien". Le di las buenas noches pero no pude dormir. Pensaba que algo grave le había pasado.

Al día siguiente nos fuimos para la oficina a preguntar por él. Por todo el camino iba poniendo atención en las orillas de la carretera. Pensaba que estaba muerto y tal vez ahí lo habían dejado. Pronto llegamos al lugar de su trabajo; en la oficina encontré algunos de sus compañeros y al ingeniero jefe de él. El ingeniero estaba muy enojado me dijo que Federico y el motorista de la empresa estaban presos. Los dos se habían puesto a tomar temprano y luego Federico como siempre se puso necio pidiéndole que lo llevaran a casa. Los acusaban de querer robarse un carro. El ingeniero ya había hecho las gestiones para que los liberaran. Él también me dijo "De gracias a Dios que está vivo", y me contó que en otras ocasiones los compañeros le escondían los zapatos para que Federico no pudiera irse.

Como a dos cuadras de la oficina estaba el puesto de la guardia; nos dirigimos hacia allá con mi tía. Al llegar Federico estaba agarrado de los barrotes, cuando me vio se puso como que quería llorar. Él tenía un golpe en la cara. Al verle el golpe me puse muy molesta y les pregunté a los guardias porque lo habían golpeado. Ellos me respondieron que después de las siete de la noche nadie podía andar en la calle. Nuevamente escuché las mismas palabras "Agradezca a Dios que está con vida". Yo ya con mi pancita no hacía más que llorar.

Al mediodía Federico estaba libre, la empresa había pagado la multa. Realmente apreciaban a sus trabajadores, todavía le dieron la tarde libre. El ingeniero habló con Federico y le dijo que si cometía otra falta como esta lo despedirían del trabajo.

ALGUNA VEZ ME AMARON

Nos fuimos para casa; definitivamente estaba muy decepcionada y con la esperanza que Federico iba a cambiar. Hipólito, un amigo de Federico a quien le decían Coquí, vino a verlo y nunca olvidé sus palabras, él me dijo "Yo sé que él la quiere mucho, y usted se molesta con sus amigos porque piensa que nosotros le decimos que tome. Pero él toma porque le gusta y nunca va a dejar de hacerlo". En ese momento Coquí me cayó tan mal. Muchas veces no queremos oír la verdad.

Pasaron varias semanas; una mañana recibimos una noticia muy triste. A la casa llegó un empleado de Antel con un telegrama y era para mi esposo. El telegrama decía, "Tu madre a muerto". Con el telegrama en la mano él me veía, y al mismo tiempo me decía "Creo que se han equivocado, quizás quisieron escribir que mi madre está enferma". "Es posible, tranquilízate", le respondí. Él estaba en estado de shock. En ese momento apareció su papá y uno de sus hermanos. Se abrazaron fuerte y el papá le dijo "Tienes que ser fuerte, tu madre murió ayer por la tarde de un infarto".

Después de los funerales él estaba completamente devastado. Yo lo entendía pero sentía mucho miedo que él tomara sin control. Él quería muchísimo a su madre y pasó bastante tiempo para que volviera a sentirse emocionalmente estable.

Dos meses después Federico perdió su trabajo, la guerrilla había quemado la maquinaria de la empresa constructora. Parecía que la fatalidad estaba con nosotros. No era fácil lo que nos esperaba y faltaban dos meses para el nacimiento de mi hijo.

La Consultora Técnica indemnizó a Federico pero ese dinero no era suficiente para todos los gastos que debíamos afrontar para comprar lo necesario para una casa. Él habló con la tía Gabriela, y ella le ofreció todo su apoyo. Ahora pienso que tomamos una decisión apresurada y equivocadamente decidimos volver a vivir con la familia de él en Coatepeque con la fe que pronto lo volvieran a llamar para un nuevo proyecto. Así se le lo habían prometido. No fue tan fácil, los días pasaban sin que le llamaran y en un par de meses llegó el día del nacimiento de mi primer hijo.

AQUÍ NO HAY FAMILIA

El nacimiento de David fue un momento importantísimo en mi vida. Federico estaba súper feliz. Fue un parto un poco complicado, pero gracias a Dios luego de varias horas pude tenerlo en mis brazos. Fue un momento lleno de mucha emoción. Federico estaba muy ansioso, quiso verme mientras yo estaba ingresada pero no lo dejaron entrar porque no eran horas de visita. Él estaba nervioso porque no sabía el sexo del bebé; él deseaba un niño y yo también.

El nacimiento de un hijo le cambia la vida a cualquiera. Federico llamó al hospital el día del nacimiento de nuestro hijo y le dijeron que era un niño, se veía muy feliz el día que fue a traerme del hospital. La niña Gabriela lo acompañó y cuando veníamos para la casa me comentó lo feliz que estaba por el nacimiento de mi hijo. A ella le encantaban los niños, me pidió que por favor no hiciéramos ningún comentario a Ulises, su otro sobrino, que ella me había visitado en el hospital. Sobre todo que no le comentaremos lo feliz que nos sentíamos porque mi hijo había sido un niño; Ulises se sentía muy frustrado porque él deseaba un niño y la esposa había tenido una niña. A la familia le había costado que él aceptara a su hija, habían transcurrido varios días para que él le dirigiera la palabra a su esposa, estaba muy enojado con ella. Él no quería tomar a su hija en los brazos, era un hombre completamente ignorante y además soberbio, no aceptaba consejos de ninguna persona. No era fácil convivir con personas que tienen una forma diferente de pensar a la mía. Me daba coraje ver que la esposa no defendiera sus derechos. Ella aceptaba todo con resignación.

El primer día con nuestro hijo en casa mi esposo fue a registrarlo a la alcaldía con el nombre de David Federico Augusto. Al segundo día Federico fue a comprar un juguete para David, le compró un carrito rojo, pero como David sólo tenía dos días de nacido no podía jugar con él. Federico entonces jugó con el carrito hasta terminarle las baterías.

Mi madre llegó a visitarme esa misma semana, traía regalos para mi hijo y una gallina india. Comer gallina india era una tradición cuando la mujer ha tenido un niño. Las personas decían "Se ganó la gallina". Recuerdo que Adonis la acompañaba pero él estaba triste porque le habían robado su cartera en el bus y había perdido su dinero. Federico le regaló unos pesos para que se sintiera mejor. Siempre nos hemos querido con Adonis y hemos tenido buena comunicación; bueno en general yo quiero a todos mis hermanos.

A la semana del nacimiento de David llamaron a mi esposo para una entrevista de trabajo y gracias a Dios comenzó a trabajar. Él siempre trabajaba lejos y solamente llegaba los fines de semana. Durante el primer mes, David no me dejó dormir; él lloraba mucho por la noche y en el día dormía. La niña Gabriela le compró muchas cosas lindas a mi hijo; la verdad él fue un niño bendecido. Cuando cumplió los tres meses estaba precioso, todos querían cargarlo. Enfrente de la casa habían unas oficinas, ahí trabajaba un muchacho que le decían Chito. Cuando yo salía con David al balcón de la casa Chito me decía que le prestara a mi hijo y él entraba con David a la oficina. Pero como David fue creciendo se hizo huraño y no quería que nadie se le acercara. Para mí era muy complicado salir con él y sobre todo cuando iba a Zacatecoluca a ver a mi familia.

Federico se molestaba porque yo me vestía con pantalón, él no quería que me maquillara. Yo no me sentía contenta con su forma de pensar y una de esas visitas donde mi familia mi madre me dijo que me veía muy descuidada; que el hecho que tuviera un hijo no era para que me diera a la desgracia. Esa vez me fui pensando que mi madre tenía razón. Hablé con Federico pero sólo logré que aceptara que me maquillara pero no que usara pantalones.

A finales del año Federico perdió su trabajo otra vez. Fue entonces que él habló con Jasón, su hermano mayor, para pedirle que le ayudará a conseguir trabajo. Jasón trabajaba como administrador de una finca de café. Ya estaba por empezar la temporada de café y necesitaban un escribiente así que Jasón le dio la plaza de escribiente. Para Federico no fue fácil; era complicado hacer el trabajo sin tener experiencia.

Toda la familia nos fuimos a cortar café esa vez. Cuando estaba soltera me gustaba ir a cortar café, pero con mi hijo de ocho meses de nacido fue complicado. Al principio encontré una niña quien quiso ayudarme a cuidar a David pero él lloraba mucho. Yo me iba para el cafetal y llevaba a David conmigo; lo acostaba en una hamaca en medio de dos árboles, cómo había cambiado mi vida. Un día un muchacho me ayudó a poner la hamaca y en ese momento llegó Federico. Él se puso molesto y cuando el joven lo saludó en vez de contestarle el saludo lo regañó; le dijo que no descuidara su trabajo.

Al terminar la hora de cortar café había que pepenar el café que uno va tirando en el surco, pero la mayoría de personas no lo hacen. Mi cuñado Jasón pasaba revisado los surcos para ver si todo estaba bien. Una tarde pasó por donde estaba yo y dijo, "Aquí no hay familia, todos tienen que pepenar el café que va cayendo". Todas las miradas se volvieron a mí, yo me sentía frustrada pero tenía que seguir luchando.

Al escribiente le daban una casita pequeña donde se podía quedar mientras duraba la temporada. Me quedé con Federico ahí por un par de semanas. Mi madre se dio cuenta que yo estaba cortando café y llegó a trabajar a la finca por una quincena con Adonis y Sara. Ellos estaban en vacaciones de la escuela y querían ganar dinero para las fiestas de Navidad. Federico los fue a recoger a la terminal y se quedaron con nosotros. Cuando mi madre me vio había una profunda tristeza, me dijo lo mal que se sentía de verme en esa situación. Esos días por la noche se estaban transmitiendo unos partidos, creo que era la hexagonal de la Concacaf. Federico les había dicho a algunos conocidos que podían llegar a la casa a ver el partido. Yo no conocía muy bien el sistema de electricidad de esa casa, en un momento por encender la luz de afuera bajé el breque de la corriente. La televisión era de tubos, no resistió el golpe de corriente, se fundió y ya no funcionó. Federico estaba muy enojado, me acusó de haberlo hecho a propósito para que no disfrutaran del partido. Yo traté de suavizar la situación por vergüenza, no quería que mi familia se diera cuenta que en nuestro matrimonio había problemas. Hoy que estoy escribiendo esta historia, lo digo que fue un accidente.

Finalizó la quincena, recibimos nuestros respectivos

pagos. Mi madre se regresó para Zacatecoluca y yo me fui ese fin de semana para Coatepeque. El domingo por la tarde debíamos volver a la finca; ese fue uno de los momentos que recuerdo con placer al decirle a Federico que yo no iría más a cortar café. Yo me quedé en casa y él siguió trabajando unas semanas más hasta que finalizó la temporada de corte de café. Después de trabajar como escribiente, Jasón le ofreció trabajo de jornalero pero Federico no podía terminar su tarea. Según lo que él me comentó los demás compañeros le ayudaron a terminar con su trabajo. Los hombres del campo estaban acostumbrados al trabajo duro.

Empezaban tiempos de prueba de resistencia en todos los sentidos. En la intimidad lo rechazaba. Yo definitivamente no quería tener más hijos; sentía mucho miedo de embarazarme. Económicamente estábamos mal y emocionalmente igual. La siguiente vez que fuimos a visitar a mi familia nos invitaron a la playa, pero ese día Federico no quiso ir, yo por desafiarlo acepte ir sin él. La verdad nunca iba a ningún lugar; siempre estaba en casa. A pesar de lo mucho que me gusta el mar ese viaje no lo disfruté. Cuando regresamos de la playa él estaba muy molesto, dijo que teníamos que regresarnos a Coatepeque. Mi mami le dijo que ya era muy tarde pero él insistió. Irene en ese momento también se regresaba para San Salvador donde trabajaba. Nos fuimos juntos con ella, cuando llegamos a la terminal de San Salvador ya no corrían los buses para Santa Ana. Irene nos llevó a la casa donde ella trabajaba y habló con sus empleadores para que nos permitieran pasar la noche. Por la mañana regresamos a Coatepeque.

Laura sabía de la situación tan difícil que estábamos pasando, trató de ayudarnos por medio de un amigo de ella consiguiéndole trabajo a Federico. El trabajo que le ofrecían era en Zacatecoluca en una cooperativa de algodón como ayudante de bodega. Federico se presentó a la entrevista, le dieron el trabajo con un salario mínimo. Nuevamente le dimos las gracias a la niña Gabriela y dejamos el Pueblito de Coatepeque.

SOMOS COMO ESE ÁRBOL

Nos fuimos a vivir por un mes a la casa del espino mientras encontrábamos un cuarto en la ciudad de Zacatecoluca. Ahí estaba viviendo mamá Alba y mi hermano Adonis, quien era el que ahora cuidaba el ganado. Esos días fueron muy complicados; David no dormía por las noches y lloraba mucho. ¡Era horrible! no había luz eléctrica y los perros ladraban toda la noche. Mamá Alba me decía que no lo dejara llorar porque a los hombres que andaban por esos lugares no les gustaban los ruidos, ósea los guerrilleros. Una noche llena de angustia cometí un gran error, le di a mi niño un pedacito de pastilla para dormir. Por la mañana él estaba muy mal, le costaba ponerse de pie. No tuvo consecuencias graves pero como me arrepiento de haber puesto en peligro su salud.

Luego de un mes viviendo en la casa del espino encontramos un cuarto en las peores condiciones, sin exagerar era un lugar de mala muerte. Pero nosotros teníamos prisa por mudarnos y el dinero que disponíamos era el mínimo. Ahí vivían muchas personas, la mayoría de ellos era gente humilde que por el conflicto armado habían dejado sus casitas en el campo. Quizás viví en ese lugar unos tres meses.

Yo hice amistad con una señora conocida como la niña Chave. Ella tenía un niño de la edad de David. Recuerdo que el niño sólo lo llamaba titi, nunca entendí porque. Todos los días la niña chave iba a comprar al mercado y a mi hijo le traían fruta. Esta señora vivía tranquila en estos cuartos. La niña Chave conoció a mi hermana Sara y le cayó muy bien. Ellas se hicieron comadres. El esposo de la niña Chave, Don Jesús, era un mecánico electricista y tenía su propio taller donde trabajaban varios empleados. De todas las personas que vivíamos ahí, ellos eran los más estables en todos los sentidos. Don Jesús era un hombre alegre; le gustaba hacer bromas. Un día muy temprano se fue al taller y le hizo una broma a uno de sus empleados. El muchacho se fue bien enojado y le dijo que iba a regresar a matarlo. Don Jesús no le creyó pero a los minutos volvió al taller y le dio un sólo disparo. Nadie podía creer que una broma causara una muerte.

Por unas jóvenes me di cuenta que estaban rentando un cuarto cerca de donde vivíamos. El lugar era muy agradable, así que nos mudamos lo más pronto posible. La casa le pertenecía a una familia grande y todos muy unidos. Un matrimonio compuesto por Don Matías y la señora Felicita con cinco hijos y dos hijas. Ellos eran una familia respetable, tenían un negocio pequeño. Compraban leche para hacer quesos y crema. Toda la familia participaba en el negocio; a las cuatro y media de la mañana la hermana y la hija de la niña Felicita, Nanda y Lupita, viajaban para Olocuilta a dejar los quesos. Ahí vendían los quesos por mayoreo. A las ocho de la mañana la niña Felicita se iba con la otra hija al mercado a vender otra parte del queso y crema. El más joven de los hijos iba a otro lugar a comprar crema para revenderla. Don Matías era el que recibía la leche todos los días por las mañana y luego la descremaba.

Las jovencitas tenían responsabilidades en la casa pero también estudiaban. Dos de sus hijos estaban en el ejército. Solamente uno de ellos estaba casado pero también vivía en la misma casa.

Una tarde me acerqué donde hacían los quesos y vi que estaban muy ocupados así que les ofrecí mi ayuda. Yo podía hacer quesos, aprendí en mi niñez. Desde ese día nunca me faltó comida; ellos eran una familia muy generosa. En la mañana con una máquina pequeña sacábamos la crema con uno de los hijos de la señora Felicita. Me gustaba ayudarles, me sentía útil.

Una mañana llegó mi hermana Irene llorando porque a nuestra madre le habían robado el ganado de la casa del espino la noche anterior. Toda la familia estaba muy triste, la venta del ganado era el único ingreso con el que contaba mi madre para sobrevivir. Mis hermanos Irene, Sara, y Adonis estaban estudiando y aun eran responsabilidad de mi madre. Mi madre también le ayudaba a mamá Alba con la comida. El robo del ganado fue para nosotros una fatalidad.

El trabajo de Federico se terminó en Diciembre cerca de la Navidad, sólo trabajó seis meses para la cooperativa. Esa Navidad mi madre tomó la decisión de irse con mis hermanos a San Salvador a pasarla con mi tía Sofía; y aunque vivíamos en la misma ciudad no consideró quedarse en Zacatecoluca y compartir con nosotros. Nos sentimos muy tristes, Federico me hizo un comentario que nunca olvidé, señalando un gran árbol que no tenía hojas me dijo "Somos como ese árbol, ningún pájaro viene a posarse en él". Vivíamos tan pobres que a veces no teníamos ni para lo más indispensable.

Luego de las fiestas de fin de año Federico se fue a cortar café donde trabajaba su hermano. Federico me dijo que le gustaría que me fuera con él pero con mucha pena le dije que no. Entonces él me dijo que llevaría a dos muchachas que habíamos conocido cuando vivíamos donde la niña Chave. Yo le dije que no me parecía correcto que fuera con ellas pero él me contestó que ellas tenían mucha necesidad y así lo entendí. Al final se fue a cortar café con ellas, siempre con la esperanza que pronto lo llamarían para ir a trabajar a la Consultora Técnica. Pero yo había perdido toda mi fe, no me gustaba escucharle decir que pronto lo llamarían para ir a trabajar con ellos. No fue hasta después de dos años de esperar que lo llamarían para un proyecto.

HUBIERON ENCUENTROS Y DESENCUENTROS

Mi hermana Laura me ayudó en muchas formas en el tiempo en el que vivimos en Zacatecoluca. Cuando yo iba al mercado ella cuidaba a David. Él era muy huraño y no quería quedarse con nadie pero con Laura se confundía. Algunas personas dicen que tenemos cierto parecido. Yo me iba corriendo con miedo que él se fuera a dar cuenta que yo no estaba ahí. Cierto día conversando con Laura me comentó que ella había ido a la oficina de Antel y que un muchacho que trabajaba ahí le había preguntado por mí, yo traté de no darle importancia.

Desafortunadamente ese año la salud de mamá Alba empezó a decaer. Mi mami la trajo a vivir con ella para cuidarla pero mamá Alba seguía cada día peor de salud y los primeros días de octubre murió dejando un gran vacío en nuestra familia. Laura se encargó de todos los trámites y de avisarle a la familia. Ella me pidió que fuera con ella a las oficinas de Antel para ponerle un telegrama a mi tía Sofía, quien aunque realmente no era hija de mamá Alba siempre la vio como una madre.

Esa tarde, después de varios años, me reencontré con Adrián Coral. Hablamos por unos minutos, me dijo que nos acompañaría en el velorio de mi abuelita. Esa noche hablamos lo más indispensable, no era el momento ni el lugar para reavivar nuestra amistad. Yo le avise a Federico del fallecimiento de mamá Alba pero él no pudo acompañarnos por su trabajo. Él la apreciaba y pienso que lo sintió mucho.

Desde el día del funeral me encontré varias veces con Adrián. Él salía a correr a Ichanmichen y pasaba enfrente de la casa donde yo vivía, o a veces yo pasaba por la oficina y platicábamos unos minutos. Él conoció a mi hijo, siempre le hablaba con cariño. Yo en ningún momento me separaba de David, siempre estábamos juntos.

Yo sabía que hablar con Adrián no estaba bien, me sentía culpable. Yo era una mujer casada con un marido celoso. Siempre escuché que era un gran pecado engañar al esposo, mi mami nos decía a mí y a mis hermanas que el único motivo por el cual el hombre podía pegarle a la mujer y hasta matarla era si ella lo engañaba. Pero a mí me encantaba conversar con Adrián; él tenía una forma única de ser, siempre me besaba las manos y cuando me abrazaba yo sentía como si una corriente eléctrica recorría por mi cuerpo. Él me decía, "Podemos prescindir de lo que queremos pero nunca de lo que nos gusta".

Un fin de semana que Federico llegó de su trabajo me dijo que podíamos buscar un lugar más grande para vivir. Ahí donde vivíamos actualmente no podíamos tener ningún mueble; era un cuarto pequeño. Empecé a buscar una casita; luego de varias semanas encontré una muy cerca del cuartel en el Barrio Analco. Los dueños tenían su casa grande al lado. La casita tenía todo lo necesario para una familia pequeña, a Federico le pareció perfecta y pronto nos mudamos.

Un par de meses después Laura me dijo que una amiga suya llamada Inés no tenía en donde vivir porque tenía problemas con la señora con quien vivía. Laura me pidió que la ayudara, "Tu puedes ayudarle, habla con Federico para que le permita vivir por un tiempo con ustedes". Federico estuvo de acuerdo y ella se fue a vivir con nosotros en la casita.

Isa era soltera, en esos días había terminado una relación con un hombre casado. En el día salía a trabajar con una señora y no tenía tiempo de conocer a nadie. Yo le comenté a mi esposo que ella quería conocer a otras personas. Federico tenía compañeros de trabajo solteros, entonces él me dijo que si se daba la oportunidad le presentaría un amigo de apellido Griego.

Isa conoció a Griego y se gustaron. Ella viajaba los fines de semana para San Salvador; ahí se reunían. En poco tiempo Inés le contó a su novio que yo tenía un amigo que en tiempos pasados había sido novio mío y que yo hablaba mucho con él. El novio de ella no se quedó callado y le dio toda clase de detalles a Federico.

Normalmente Federico se iba los lunes para su trabajo y regresaba viernes por la noche, pero cuando habló con su amigo se regresó el mismo lunes. Él estaba muy enojado conmigo y con mucha razón. Me hizo mil preguntas y al fin me dijo que se iría para siempre a donde su familia y que no contara con su ayuda. Yo sólo pude decirle que Adrián y yo éramos realmente sólo amigos. Pero él se fue y ese fin de semana no llegó a casa. Mi mami llegó a verme el sábado, yo le conté lo que me había pasado. Ella me aconsejó, no estaba tan enojada y se mostró muy comprensiva, quería que yo estuviera bien en mi matrimonio. Esa noche ella se quedó a dormir conmigo.

Pienso que a mi mami le caía bien Adrián; cuando mi hermana Irene se graduó de bachiller en salud, Adrián la acompañó en su graduación. Ya mi mami había compartido con él algunos momentos. Esa semana conversé con Adrián, le dije lo que había sucedido. Lo vi preocupado; me dijo que sentía mucho lo que había pasado y que le gustaría poder hacer algo por mí. Yo le comenté que esta era la última vez que lo vería.

Yo comprendo que Federico estuviera enojado, pero lo malo es que él se olvidaba que teníamos un hijo juntos. Después de dos semanas de no verlo yo lo fui a buscar a donde la niña Gabriela. Él no estaba, andaba jugando. No me estuve más de diez minutos cuando me regresé. Yo había ido con los dueños de la casa donde vivíamos; ellos tenían un carro y trataban de ayudarme ya que eran parte de un grupo llamado Encuentros Conyugales en los que aconsejaban a parejas con problemas en sus matrimonios. Al día siguiente Federico llegó a casa. Nos reconciliamos bajo la promesa que nunca más volvería a tener ningún tipo de comunicación con Adrián y que Inés se fuera de la casa esa misma semana. Cuando él regresara no quería verla más. Yo se lo comuniqué a Inés sin enojarme; sé que yo tenía la culpa de todo.

Adrián pasó por el trabajo de mi hermana y me dejó un sobre con una carta y un dinero. La carta decía que había pedido traslado para otra oficina, él esperaba que mis problemas con Federico se solucionaran y que nunca me iba a olvidar. También me pedía que por favor le dejara una foto mía con mi hermana. Yo no estaba segura de dársela pero mi hermana Laura me convenció y fui a un estudio fotográfico a tomarme la foto. Luego que me la entregaron se la dejé en un sobre con mi hermana. Creo que ninguno de los dos queríamos lastimar a nadie. En nuestras vidas hubieron encuentros y desencuentros; no es sencillo escribir sobre estos acontecimientos que pasaron en mi vida. A veces siento como si una herida que creía cerrada se abriera nuevamente. Federico me quería pero puedo decir que también Adrián, cada quien a su manera.

SÓLO MUERTA

Federico ya no quería vivir en Zacatecoluca; aunque él no me lo decía él ya no confiaba en mí. Por otra parte le habían aprobado su crédito para comprar una casa, sólo era cuestión de hacer los trámites. Él había intentado dejar de beber; iba al grupo de los alcohólicos anónimos pero sin conseguir resultados. Una vez se compró la casa tuvimos que dejar Zacatecoluca, yo no estaba contenta pero si conforme, adaptada.

En los siguientes años vendrían muchos cambios. La siguiente vez que regresé a Zacate me di cuenta que mi hermana Laura estaba planeando viajar a Estados Unidos a buscar trabajo. Ella tenía sueños, quería comprar su propia casa, yo sabía que lo conseguiría porque siempre fue fuerte y luchadora. Regresé a Zacatecoluca una vez más para despedirme de ella. Esa noche hablamos mucho, nos prometió que sólo estaría en los Estados Unidos por dos años; ahora, treinta y un años después sigue viviendo en Estados Unidos.

En la primer Navidad que Laura estuvo ausente, Sara y yo le grabamos un cassette diciéndole cuánto la extrañábamos y lo mucho que la queríamos. Se lo envié pero nunca supe si lo recibió. Era muy difícil comunicarse con alguien fuera del país. Mi mamá iba a la funeraria donde había trabajado Laura; ahí Ariel, el señor encargado, le prestaba el teléfono para que ella recibiera la llamada. Laura fijaba la fecha y hora que llamaría con anterioridad. Yo a los meses recibía alguna carta y la vez que pude hablar por teléfono con ella fue por casualidad.

Mi hermana Irene también tenía deseos de comprarse una propiedad pequeña para que sus hijos tuvieran donde vivir. La familia de su esposo le ofrecieron ayudarle para que fuera a trabajar a Italia. Ella había ido a visitarme cuando recibió la noticia que todo estaba listo para su viaje. Irene dejó sus dos hijos pequeños al cuidado de su esposo y con la vigilancia de mi madre. Yo sentí una gran admiración por mis hermanas; ellas habían tenido el coraje de salir del país para superarse. Yo también lo había pensado varias veces, pero sabía que no podría vivir lejos de mi hijo. Para mí fue difícil aceptar que mis hermanas estaban encontrando su camino lejos de nuestro país y de su familia.

Aún en su ausencia, ese año la Navidad fue bastante alegre, y a pesar que ellas no estaban con nosotros, yo disfruté mucha esa Navidad. Mi madre me visitó en la nueva casa junto con mi hermana Sara. También llegó mi hermano con un compañero de la policía, a pesar que era peligroso seguía trabajando para la policía nacional. A veces yo iba a visitarlo a zonas rurales donde estaba destacado. Con él siempre nos llevábamos bien y al darse cuenta que mi mami estaba en mi casa vino a compartir con nosotros.

En la casa tuvimos abundante comida; Federico había llevado un pavo y yo lo preparé con la ayuda de una amiga. Compartimos una cena agradable. Por primera vez en mi vida puse un árbol de Navidad. Era un árbol muy sencillo pero se veía muy bonito. Fue la primer Navidad en nuestra casa. Recuerdo que cuando llegamos a vivir a la colonia San José, sentí que la colonia estaba extraviada para llegar desde cualquier lugar. La casa quedaba prácticamente al final de la colonia. Desde el punto de buses se caminaban varias cuadras para llegar al pasaje, y aun manejando, la calle terminaba en un redondel dos cuadras antes. La casa era la última en el pasaje; la parte de atrás de la casa tenía un terreno muy pequeño y al final unas cunetas donde pasaban las aguas lluvias. Detrás de las cunetas sólo un barranco. En la colonia solamente caía agua dos veces a la semana; por muchos años me tocó levantarme en la noche a llenar un barril y cantaros con agua porque el agua no volvería a caer por varios días. Con los años era común que la tubería principal se quebrara con la presión del agua.

Los primeros meses fueron difíciles pero despacio me fui acostumbrando. Eventualmente Federico construiría un muro alrededor del patio y cerraría la parte de enfrente de la casa. Eventualmente él construiría una pila con capacidad para unos doce barriles de agua. Eventualmente él construiría una cocina de leña. Eventualmente él sembraría una variedad de árboles incluyendo el palo de mango que nos daría de los mangos más deliciosos. Eventualmente nosotros colgaríamos hamacas debajo de esos árboles. Eventualmente se convertiría en un hogar para nuestros hijos, y eventualmente los vecinos y yo pasaríamos momentos conversando en frente de una vista muy agradable de bajo del árbol en la entrada del pasaje. Llegó un momento en que dije que sólo muerta me sacarían de esa casa.

DIEZ DE OCTUBRE, DOCE DE DICIEMBRE

Yo no estaba segura que quería tener otro hijo pero por otra parte quería que David tuviera hermanos. Al cumplir cinco años David empezó a preguntar por qué otros niños tenían hermanos y él no, nos decía que él quería tener un hermano. Yo quería que cuando mis hijos fueran adultos pudieran compartir y ser grandes amigos. Federico también quería más hijos, pero él nunca me presionó. Al fin, la decisión fue mía de embarazarme.

Mi mami vino a visitarme cuando sólo tenía unos meses de embarazo, en realidad todavía no se notaba y yo no se lo había dicho. Unas horas antes de marcharse de casa me llamó, "Vení, ¿Va que estas embarazada?". Ella me aconsejó que me cuidara, y que después de este ya no tuviera más hijos porque era muy difícil darles todo lo necesario. Ella tenía razón, los hijos no sólo necesitan amor, también alimentación, educación, y salud. Mi hermana Laura me escribió que estaba contenta por mi embarazo; me decía en la carta "Que bien guardado lo tenías" y que le daba alegría saber que pronto iba a ser nuevamente tía.

El diez de Octubre de mil novecientos ochenta y seis un terremoto destruyó el país.

Yo estaba recostada en el cuarto mientras que David se encontraba en la sala viendo televisión. Le dije que no se asustara, y despacio salimos de la casa. A los minutos varios vecinos volvían de sus trabajos llenos de angustia. En el centro de San Salvador colapsó el Edificio Rubén Darío. Fallecieron muchas personas, otras personas desaparecieron entre los escombros, y cientos de casas destruidas.

En la colonia no teníamos electricidad ni agua potable; todo era un caos. A veces dormíamos a fuera de la casa con temor que fuera a temblar. Para conseguir agua de tomar me tocó comprar un cántaro de agua de un lugar a treinta minutos de la casa, y caminar varios pasajes con el cántaro en la cabeza. Para los quehaceres de la casa compraba el barril de agua de las pipas que llegaban al parqueo de la colonia. Fueron varias semanas de mucho esfuerzo mientras que sólo faltaban dos meses para el nacimiento de mi segundo hijo. En esos días deseaba que Federico trabajara cerca de la casa para poder contar con su ayuda. Pasaron semanas para que recibiéramos agua potable en la casa de nuevo.

El doce de Diciembre del ochenta y seis, en el Hospital del seguro social en San Salvador, a las cuatro y quince minutos nació mi segundo hijo. En el momento de su nacimiento se escuchaban una cantidad de cuetes; era la celebración del día de la virgen de Guadalupe. La enfermera con una sonrisa me lo puso en mis brazos y me sugirió que le pusiera el nombre de Lupito en honor a la virgen. Fueron momentos de mucha emoción para Federico, y también para David que nos había acompañado al hospital; esos recuerdos siempre están en mi corazón.

Ese día por la tarde Federico regresó al hospital pensando que me quedaría esa noche en el hospital me dijo, "Lo siento mucho, pero te va a tocar ir sola para la casa, mañana tengo que trabajar". Yo le comenté que no era necesario; en ese momento ya podía volver a casa. Cualquier paciente que estuviera estable se le daba de alta. El terremoto había dejado muchos hospitales dañados, este estaba sobre poblado, aún estaban atendiendo víctimas del terremoto. Habían improvisado colocando camillas en los corredores, pero no daba abasto.

Regresé a casa muy contenta. El que estaba muy emocionado era David, le comentaba a sus amiguitos que ya tenía un hermano. También se encontró a la niña Avis, le comentó lo feliz que se sentía de tener un hermano. Nunca sintió el más mínimo celo. Al llegar encontré afuera de la casa una sorpresa muy agradable; Mi hermana Sara y su novio estaban esperándome. Ella había llegado sin saber que ya había nacido su sobrino. Esa noche Sara preparó la cena, y juntos con Federico decidieron el nombre de mi hijo. Sara quiso que se llamara Pablo mientras que Federico dijo que le gustaba el nombre de Samuel. Sara se fue la mañana siguiente con la promesa que regresaría para ayudarme por unos días con mis hijos y cuidar de mí. Ella estaba bien jovencita, sólo tenía dieciocho años. Ella era muy aplicada, durante el año estudiaba y en las vacaciones trabajaba en un agro servicio. Unos días después cumplió su promesa, estuvo en casa ayudándome. Yo y mi esposo decidimos que el día que bautizáramos a Samuel ella sería su madrina.

El domingo llegó mi madre, ella me llevaba un reloj de pared con luces de colores, regalo que me había enviado Laura. Se veía molesta porque me encontró haciendo limpieza y Federico sentado en el sofá viendo su partido de fútbol. También la sentí un poco celosa por el regalo que mi hermana me había enviado. Se notaba que no quería compartir el cariño de mi hermana. A veces me enojaba mucho con ella, otras veces luchaba con todo mi corazón por entenderla.

Unas semanas antes alguien de mi familia me había comentado que quizás Irene regresaría de Italia. Su regreso fue una gran noticia. Cuando regresó traía regalos para todos, el más feliz era David, Irene le traía un carrito muy bonito de baterías, adentro tenia luces con un Santa Claus de chofer. Por mi ignorancia no dejé que David disfrutara de su juguete, siempre le decía que lo cuidara, que no fuera a quebrarlo, que sólo podía encenderlo por un momento por que la batería se le iba a terminar. Entonces él lo apagaba y lo ponía en un mueble que estaba en la sala, ahí permanecía el juguete sólo de adorno.

Irene regresó el veintinueve de diciembre del ochenta y seis, vino a visitarnos a la casa un día después. Estaba cambiada; físicamente se veía súper bien, muy fina. Fue un fin de año maravilloso.

PÍO PÍO

Samuel fue un niño bastante tranquilo aun cuando a los cuatro meses de nacido estuvo muy enfermo. Casi lo perdemos, acuden a mi mente esos días que Samuelito estuvo realmente muy mal de salud, lo llevé con dos diferentes médicos. Ninguno me dio un diagnóstico de la enfermedad que tenía. La medicina que le recetaron no le hizo ningún efecto, por lo contrario cada día estaba más enfermo. Le di todas las medicinas caseras que las vecinas me decían con la fe que se mejoraría. Después de una semana de estar enfermo empezó a respirar con mucha dificultad, sólo tenía un quejido. Corrí para donde una joven enfermera que vivía en la esquina del pasaje, le supliqué que por favor viniera conmigo a casa y me lo viera. Ella entró en el dormitorio, lo observó y su opinión fue muy desalentadora, "Este niño no sobreviviría una noche más si no lo lleva al hospital". Le di las gracias, tomé a Samuelito en mis brazos y salí corriendo para el Hospital Bloom.

No podía perder ni un minuto, saliendo del pasaje Pandora se me acerco y me dijo que ella me acompañaría al hospital. No me dio tiempo a contestarle, ya estaba detrás de mí. En el fondo de mi corazón agradecí a Dios y a ella. Ya era bastante tarde, al llegar al punto de buses nos enfrentamos que precisamente ese día había un paro de bus decretado por los guerrilleros. Con mucha dificultad llegamos a la sala de emergencia del Bloom. Una vez ahí sólo era cuestión de paciencia a que lo atendiera un médico de turno. Gracias a Dios le dieron la medicina adecuada, y lo diagnosticaron con Bronquitis, esta condición se le repetía cada cierto tiempo pero con la medicina y cuidados se fue recuperando. Cuando Samuelito se enfermaba lo bañaba con agua que cosía con hojas de eucalipto, hojas de limón, hojas de mango, y también con zacate de limo.

La noche que llevamos a Samuel al hospital, Pandora me acompañó con su hijo menor, lo llevó para que la dejaran entrar en el hospital. Fingió que su hijo estaba enfermo para poder acompañarme en la sala de emergencia. Ella era una mujer muy joven que estaba casada con un muchacho llamado Javier y juntos tenían dos niños. Él era cobrador de buses y ella trabajaba de noche en una maquila. Vivian en la entrada del pasaje. A veces pienso que ella buscó mi amistad para conocer y hablar con mi hermano.

Cuando Adonis dejó el trabajo de la policía compró un microbús con el cual transportaba pasajeros de la colonia Bosques del Río para el centro de San Salvador. Durante este tiempo se quedó viviendo con nosotros, dormía en el cuarto que quedaba enfrente del pasaje. Era un cuarto de huéspedes, pero en el cual Federico mantenía un ropero con su ropa de trabajo.

Adonis era un tío muy cariñoso, mis dos hijos lo querían mucho; les hacía muchas bromas o veía televisión con ellos, le gustaba ver Los Felinos Cósmicos. Por las tardes mandaba a David a comprar pan dulce, él decía, "Anda compra pan de perros". Siempre se mantenía ocupado; ese invierno sembró unas matas de maíz en la parte de atrás de la casa, y también arregló el patio. Me apoyaba en la casa; si algo faltaba iba conmigo a la tienda a comprar lo que faltara, y las noches que yo me quedaba afuera agarrando agua, él se levantaba temprano a preparar desayuno la mañana siguiente. Compartimos mucho tiempo con él; fueron tiempos muy agradables, fueron días especiales que compartí con mi hermano.

A Adonis le conocí varias novias, incluso Zuria una joven que siempre nos llegaba a visitar incluso después que se había separado. Él tenía sangre para caerles bien a las mujeres, las vecinas le coqueteaban, incluso mi vecina Pandora.

Una madrugada, al regresar del trabajo Pandora llegó a buscar a Adonis, tocó la puerta de mi casa, él le abrió la puerta, ella entró a su cuarto y amaneció con él. En la mañana, Federico entró al cuarto a vestirse para ir al trabajo y se dio cuenta que ella estaba ahí, se molestó con los dos por no haberle avisado lo que estaba pasando. Pero lo que le molesto más fue que no respetaran su casa, así pensaba Federico. Cuando yo me enteré, lo que a mí me preocupaba era que Javier se diera cuenta y se hiciera un problema grande.

Esa misma mañana Adonis me pidió por favor que le sirviera desayuno a Pandora. Ella se veía cómoda, yo diría que contenta junto con él. Ella estaba muy joven a pesar de tener dos hijos. Para volver a su casa, Pandora tuvo que salir por la puerta de atrás para evitar que la vieran salir de nuestra casa. Adonis como todo un caballero la acompañó. Se fueron por unas veredas llenas de montes hasta llegar a la calle mientras Adonis le cargaba la cartera. Adonis se disculpó por lo sucedido con Federico esa tarde. Esa vez salieron bien librados.

Adonis me dio dinero y me dijo que invitara a Pandora a Unicentro y le comprara unos regalitos. Adonis siempre fue un hombre de detalles con las mujeres que salía. La relación de Pandora con mi hermano fue corta, Javier empezó a sospechar y buscó la amistad de Adonis. Luego Adonis le dio trabajo de cobrador en el microbús. Al fin Javier le llegó a reclamar a Adonis con preguntas acerca de la relación con su esposa. El día que lo hizo yo no estaba en casa, cuando llegué Adonis me lo contó, pero antes de llegar al pasaje ya me habían contado que Javier se había discutido con Pandora y que había llegado a mi casa. Yo le aconseje a Adonis que lo mejor era que se alejara de Pandora, que no se buscara problemas. A las horas de haberle reclamado Javier regresó y se disculpó con Adonis. Creo que Pandora influyó en esa decisión.

Después de cuatro años afuera del país, Laura regresó a El Salvador. Con ella, su segundo hijo con sólo unos meses de nacido. Ella estaba radiante, muy hermosa. Realizó uno de sus sueños y compró su casa. Casa en la cual vive mi madre, desde que se compró hasta el día de hoy.

Mi hermano, mi cuñado Marco, e Inés empezaron a planear el viaje hacia Estados Unidos junto con Laura. Los cuatro viajarían juntos. Laura los estaba apoyando con lo que podía, ella los iba a recibir en su apartamento donde vivía con su esposo. Una de las dificultades más grandes para los emigrantes que viajan a Estados Unidos es tener un lugar a donde quedarse y alguien que los reciba. Mi hermana lo había vivido cuando viajó por primera vez. A ella la recibió una conocida y no fue fácil la convivencia.

Yo me sentí muy triste porque mi hermana Laura se volvería a alejar y cuánto tiempo pasaría para reencontrarnos de nuevo. También porque mi hermano con el cual había compartido días tan únicos en los últimos años se tenía que alejar buscando un futuro mejor. Yo no sabía cómo hablar de esto con mis hijos que lo querían mucho. Me afectaría mucho su ausencia en fin todos en casa lo extrañaríamos mucho.

Los tres meses que Laura estuvo con la familia pasaron rápidos y llegó el día que tenía que partir. Yo me despedí de mi hermano unos días antes del viaje. Mi hijo Samuel como si presintiera que pasaría mucho tiempo antes de volverlo a ver lloro. Él estaba muy pequeño y todavía no podía hablar, llorando le decía "¡Pío, pío!". Mi hermano se ocultaba detrás de la puerta jugando con él y no quería irse. Nos abrazamos y nos despedimos repetidas veces. Creo que él nunca supo cómo me sentí de sola y con una infinita tristeza cuando se marchó esa tarde de mi casa.

FALLÉ MUCHAS VECES

Yo me considero una mujer supersticiosa, tal vez porque cuando era niña ponía atención a las historias que escuchaba. En el tiempo que vivimos en la casa vieja recuerdo un día que estábamos en el río con mi madre lavando escuchamos el canto de un pájaro desde las ramas de un árbol. Mi mami lo llamaba Chío, me dijo que ese día alguien iba a llegar a visitarnos. Al regresar del río nos pusimos a tender la ropa. Estábamos en esa labor cuando llegó mi tía Sofía, ella vivía en San Salvador y tenía muchísimo tiempo de no visitarnos. También escuchaba decir que cuando el fuego hace ruido vienen visitas. Lo más extraño que cuando yo escuchaba al Chío cantar, mamá Alba y mi mami decían que no era bueno creer en eso, pero sin proponérmelo fui creyendo.

Cuando el Chío me cantaba no precisamente venía alguien a visitarme, pero recibía noticias o la llamada de alguien con quien tenía tiempo de no ver. Yo crecí creyendo en el Chío y siempre que canta sé que tendré una noticia. En la colonia había una señora que pasaba vendiendo tamales y remolachas cocidas. Ella también creía en el Chío, es una creencia muy común, y una vez que escuchó al Chío cantar cerca de la casa me dijo, "Cuando canta un pájaro es buena suerte, pero cuando son varios los que cantan son problemas. Usted háblele con cariño, dígale 'si es buena noticia bien, pero si es mala aléjate' ".

Cuando mis hijos eran pequeños tuve un sueño con mi tío Manuel. Yo sabía que él estaba muerto, pero en ese sueño lo vi tan real. Caminó junto a mí por unos minutos, me preguntó cómo estaba mi madre pero antes que yo le respondiera me dijo que ella nunca iba a cambiar. Me imagino que se refería a su carácter, también me dijo que no me preocupara tanto por mis hijos porque él siempre cuidaría de ellos. Las veces cuando mis hijos se enfermaban yo le decía "Por favor tío Manuel, acuérdate de la promesa que me hiciste", y me sentía más tranquila.

Para un diciembre antes de Navidad fui al centro de San Salvador con una señora que vivía en el mismo pasaje. Ella tenía un hijo de la misma edad de Samuel. Acordamos ir a comprar unas tarjetas de Navidad para enviar a nuestras familias que vivían lejos. Para esas fechas eran multitudes de personas caminando, comprando ropa, juguetes y toda clase de artículos referente a la Navidad. Caminando por la plaza Morazán me di cuenta que mi hijo no caminaba a mi lado, en unos segundos de descuido se me había perdido. Sentí algo horrible, sentí que se me salía el corazón, me llene de tanta angustia. Por la cabeza me pasaban atropelladamente pensamientos negativos, y en la boca tenía un sabor amarguísimo. Con la mirada lo busqué por todos lados, al mismo tiempo que le preguntaba a la señora, "¿Dónde está Samuel?". Ella me contestó, "Yo aquí tengo a mi hijo". La respuesta de ella fue terrible para mí, me invadió una gran culpa, sentí que yo no había sido lo suficiente responsable para cuidar a mi hijo. Sin pensarlo mucho volví sobre mis pasos y lo encontré caminado en la dirección donde yo había retornado. En ese momento lo único que quería era volver a casa. Lo abrazaba y daba gracias a Dios que sólo lo perdí por unos minutos, pero para mí fueron eternos.

Cuando llegué a casa hablé con Samuelito, le pedí que por favor no le comentara a su padre lo que había pasado. Él un poco asustado me dijo que no me preocupara. Esa noche no dormí pensando en lo que me había ocurrido y que pudo ser más grave. Me levanté de la cama y él estaba en su cama dormido, lo abrace. Cuando Federico llegó ese fin de semana no pude callar, le conté lo que nos había ocurrido. Fue un descanso para mí poder compartir la angustia que me invadía con Federico. Él tenía una cualidad muy grande conmigo, sabía tranquilizarme con su voz muy suave. Me llevó mucho tiempo superar y aceptar que sólo fue un susto. No sé si Samuel lo olvidó, pero a él no le gustaba salir y mucho menos donde habían aglomeraciones de personas. Por eso yo no lo obligaba a obedecer si él no quería salir de casa.

Muchas veces después de ese evento tenía un sueño que se me repetía. En el sueño Samuel se ahogaba. Ese fue un motivo por el cual nunca permití que el participara en excursiones del colegio a piscinas, yo no tenía confianza en que mi hijo saliera con otra persona que no fuera Federico o yo. En las ocasiones que lo llevamos a la playa siempre estábamos muy pendiente de él. Como fue creciendo, fue menos frecuente ese sueño hasta que se desvaneció.

A David, mi otro hijo, le gustaba participar en diferentes eventos. A sus quince años llegó a formar un equipo de futbol de niños. Al principio yo no estuve de acuerdo; él se reunía con los organizadores del torneo y diferentes entrenadores de los demás equipos participantes. Yo no quería que se descuidara de sus estudios, y más de alguna vez le llamé la atención, lo regañé por dedicar parte de su tiempo a entrenar a los niños.

Me sorprendió que encontró un patrocinador que lo apoyara con los uniformes del equipo. Es admirable que lo planeó y lo llegó a realizar sin la ayuda de nosotros, sus padres, y sin el apoyo de un adulto. Al final fue responsable con sus clases y también con los niños de su equipo. Al finalizar el torneo ganó la copa y se ganó el cariño de muchas personas. En esta ocasión le fallé a David, no le tuve la confianza que lo lograra y cuando lo hizo no tuve la suficiente humildad para admitir que me había equivocado.

Yo siempre tuve una gran comunicación con mis hijos, pero en esta ocasión no le dije, ni le demostré lo orgullosa que me sentía de él, ni tampoco le demostré la admiración que sentía que lo hubiera logrado. Sé que como madre fallé muchas veces pero ésta es una de las que recuerdo perfectamente.

MI TRANSGRESIÓN

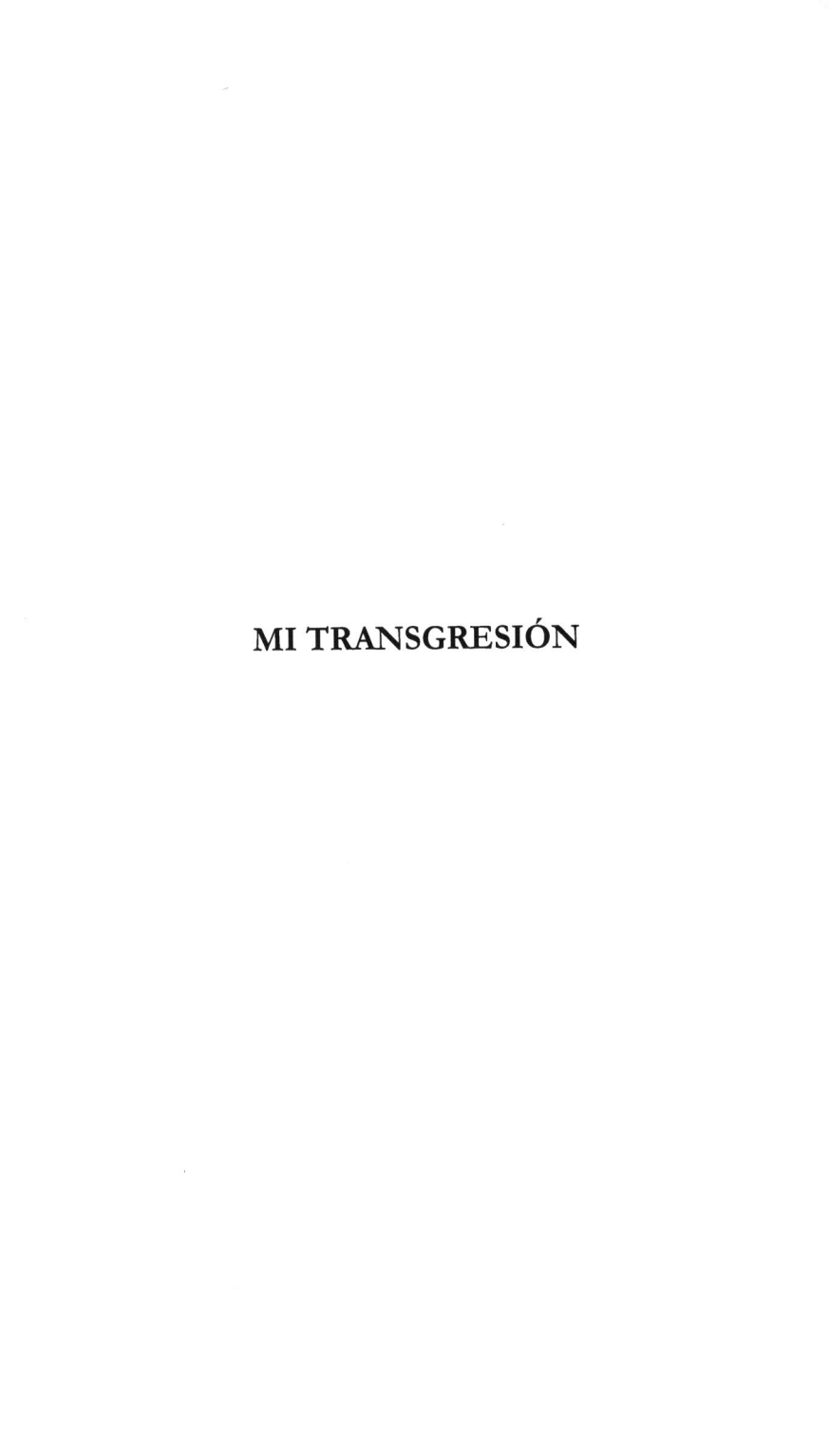

María Camila Sánchez Caicedo

HOTEL DE MALA MUERTE

En la colonia San José, donde vivía, conocí muchas personas, pero una en especial a la cual le tenía mucho cariño era una señora que se llamaba Avis. Cuando ella supo de mi segundo embarazo siempre se preocupó por mi salud, me decía que David era un niño muy tierno. Ella era una persona temerosa de Dios, ella vivía con su esposo y un hijo de ambos mientras que su familia vivía lejos en San miguel.

Con la niña Avis a veces íbamos juntas a Unicentro o a un centro comercial llamado Los Ángeles. Era común que ella me pidiera que la acompañara para ir a hacer algún mandado. Una tarde después del almuerzo llegó la niña Avis y me pidió de favor que la acompañara al Antel, que necesitaba hablar con su madre. Federico no estaba en casa, esa mañana él tuvo que hacer un viaje a donde su hermano Jasón para devolverle el carro que le había prestado. Antes de irse, yo inocentemente le pregunté si volvería pronto, él me dijo que volvería muy tarde. David estaba en la escuela, y Samuel, a quien no le gustaba salir, me dijo que él prefería quedarse en casa jugando solo como otras veces lo había hecho. Hablé con la vecina que estuviera pendiente de Samuel mientras regresaba, él se quedaría en la parte de enfrente de la casa jugando. Así que le dije a la niña Avis que sí.

Nos tardamos unos cuarenta y cinco minutos, que fue lo que nos tardamos en que se realizara la llamada, ir y volver a casa. Esa tarde, antes de llegar a casa en la entrada del pasaje, debajo del árbol de la esquina, estaba Federico con un semblante de enfado y enojo. Cuando lo vi sentí una angustia, lo saludamos y nos dirigimos a casa. Ya dentro él me reclamó porque había dejado solo a Samuel. Pensó que esa mañana yo le había preguntado la hora de su regreso apropósito. Yo deseaba que la niña Avis se marchara, pero ella estaba muy apenada y pienso que por ayudarme tomó parte en la discusión aclarándole a Federico que fue ella la que insistió en que yo la acompañara. Federico, quien siempre era muy educado, perdió el control de la conversación y le dijo a la niña Avis que no se metiera y que se marchara.

Cuando ella se fue la discusión subió de tono, Federico me dijo palabras muy desagradables que dañaron nuestra relación. Puedo decir que nunca olvidé esa tarde y la vergüenza que pasé frente a mi amiga Avis. Como mujer me sentía muy dolida, muy resentida. Desde ese día tomé la decisión de dormir en cuartos separados. Han pasado muchos años y ahora pienso que fue un hecho que quebró más nuestro matrimonio, fue la primera vez que pensé seriamente en que lo mejor sería separarnos.

Nuestra amistad con la niña Avis continuaba, nos teníamos mucho cariño y confianza. Ella trabajaba en Mister Donuts, pero en las tarde o en su día libre siempre le gustaba visitarme. Hablábamos de nuestras vidas, le tenía mucha empatía, muchas veces su esposo abusaba físicamente, sexualmente, y emocionalmente de ella. Yo me identificaba con ella cuando me sentía acosada por mi propio esposo las veces que él me presionaba a tener intimidad, él se molestaba porque quizás pensaba era parte de mis deberes como esposa siempre complacerlo. A mí me daba miedo que Federico se fuera a descuidar económicamente de la familia, además era normal y esperado que la esposa complaciera siempre al esposo o compañero de vida. Habían personas que justificaban las infidelidades de los hombres diciendo que la mujer tenía culpa de que el hombre la engañara por no ser complaciente. Para mí ese tipo de acoso era una total falta de respeto, en la pareja, los dos tienen que estar de acuerdo para que haya intimidad.

El esposo de la niña Avis bebía mucho, incluso semanas enteras; luchaba con el alcoholismo, visitaba las oficinas del Doctor Ayala para que lo ayudara con terapias. Cuando no estaba borracho era un hombre bien educado pero cuando tomaba parecía otra persona. Yo le ofrecía que se quedara en mi casa, pero ella siempre me decía que me lo agradecía pero que no quería causarme problemas. Don Ariel tomado era un hombre muy violento, la ultrajaba, la golpeaba, y la niña Avis conocía de mi carácter y sabía que no me quedaría callada ante algún insulto. En una de sus recaídas él la amenazó con matarla; ella por miedo se iba a dormir a donde alguna otra amiga.

Después del último problema grande que ella tuvo con él, ella tomó la decisión de separarse. Yo nunca creí que eso fuera definitivo, sobre todo porque su hijo, Daniel, prefirió quedarse en casa con su padre. Él ya era un adolescente y decía que sentía lástima por su padre porque él era un enfermo, un alcohólico y podía hacerse daño.

La niña Avis se quedó viviendo en una colonia vecina y con mucho cuidado venía a ver a su hijo para no encontrarse con Don Ariel y me llamaba por teléfono para poder vernos en un determinado lugar. Ella me decía que no se iba para San Miguel donde tenía a su familia porque tenía miedo que él fuera a buscarla donde sus padres que ya eran unos ancianos y ella no quería que ellos sufrieran esto. Un día me llamó como a las once de la mañana para decirme que nos viéramos en Unicentro, ella estaba llorando. Llegué lo más pronto que pude, me dio tanta pena y mucho coraje al verla con sus ropas maltratadas. Me contó que ese día por la mañana cuando se bajó en la parada del bus que la llevaba al trabajo Don Ariel la estaba esperando, la subió a la fuerza en un taxi y la había llevado a un hotel de mala muerte. Ahí la amenazó diciéndole que la iba a matar, la golpeó y la violó.

Ella ya no podía volver al trabajo, estaba llena de temores. En ese momento decidió que tenía que hablar con la familia que ella tenía en Estados Unidos, pero mientras tanto necesitaba en donde quedarse. Yo deseaba ayudarla pero en mi casa tampoco podía quedarse, hablé con mi mami para pedirle que por favor recibiera por unos días a mi amiga. Yo sabía que podíamos contar con mi madre, ella siempre estuvo en desacuerdo con toda clase de violencia en contra de la mujer. Lo más pronto que pude fui a dejar a la niña Avis a Zacatecoluca. Ahí se estuvo por un par de semanas hasta que su familia se comunicó con ella para decirle que se preparara porque su viaje estaba listo.

EL PECADO ES EL ESCANDALO

Yo siempre tuve el deseo de trabajar, de tener un poco de libertad. Traté de independizarme un poco buscando trabajo. Me costó mucho convencer a Federico que me permitiera buscar un empleo pero al fin estuvo de acuerdo. En las maquilas necesitaban personas y no era tan difícil encontrar una oportunidad. Fui a una fábrica ubicada en Ilopango, apliqué, me entrevistaron pero la única oportunidad que me ofrecieron era de noche, definitivamente no pude aceptar porque era imposible dejar a mis hijos en la noche solos. En sí todavía no tenía claro cómo iba a trabajar de día tampoco.

En el pasaje vivía una muchacha que trabajaba en una fábrica como supervisora, ella me avisó que donde ella trabajaba estaban necesitando personal. Ahí me dieron la oportunidad de trabajar en control de calidad. Me gustaba el trabajo, pero como no estaba acostumbrada a estar tantas horas de pie llegaba a casa un poco cansada. Cada día que pasaba en el trabajo era difícil tener organizada mi casa y dedicarles tiempo a mis hijos. A Samuel le tocaba esperar que yo llegara para que le preparara la cena. Luego de un par de meses me di cuenta que no podía seguir yendo a trabajar, me frustré mucho por dejarlo pero creí que era lo mejor.

Desde aquel argumento que tuve con Federico dormíamos en cuartos separados. Hablé con mi hermano y le conté que deseaba separarme. En mi pensar la única forma de poder independizarme sería viajando a Estados Unidos. Adonis me dijo que podía contar con su ayuda económica pero que lo pensara, que un viaje lejos de nuestro país no era tan sencillo. Lo más importante tenía que ser mis hijos. Ese era el problema más grande, ¿Quién cuidaría de ellos? Tendría que ser alguien en la San José, ese era su hogar, ahí se sentían contentos, tenían sus amigos y compañeros de la escuela.

Hablé con una señora conocida y vecina; la niña Leda no tenía hijos, era soltera y cuidaba de sus sobrinos. Yo quería que ella se encargara de cuidar a mis hijos, y cuando se lo pregunté me dijo que lo pensaría. Varios días después me contestó que era demasiada responsabilidad. La comprendí perfectamente, David ya estaba entrando en la adolescencia. Decidí continuar con mi matrimonio pero mi relación con Federico ya nunca fue igual. Él definitivamente no confiaba en mí y yo por mi parte siempre le decía que cuando mis hijos fueran adultos nos divorciaríamos.

Federico y yo tratamos de fortalecer nuestro matrimonio, tomamos la decisión de visitar la iglesia los sábados por la tarde. David también participaba en el coro de la Iglesia, a Samuel si no le agradaba mucho pero era un niño y obedecía. De niña yo hice la primera comunión, mi madre decía que debíamos confesarnos con el sacerdote y algunas veces me confesé pero de adulta dejé de hacerlo. Una vez en la iglesia de la San José sentí el deseo de conversar con el sacerdote, me llamó mucho la atención que él confesaba de otra forma. No usaba el confesionario, por lo general era como tener una plática. Esa tarde conversamos, yo le pregunté que si era pecado engañar al esposo, él me puso la mano en los hombros y me contestó, "El pecado es el escándalo". Me aclaró que si la pareja no se dio cuenta no habría problemas, pero si la pareja se enteraba, toda la familia sufriría. Muchos años después me enteré que él abandonó la iglesia como sacerdote y se acompañó con una mujer.

Habían días en los que me sentía muy sola, sobre todo cuando se presentaba algún problema en casa ya fuera económico o porque se enfermaban mis hijos. Ellos también se acostumbraron a que Federico nunca estuviera en casa. Los fines de semana en los que él tenía que visitar a su familia en Coatepeque no compartíamos tiempo. Varias veces le propuse que vendiera esa casa y nos fuéramos a vivir a otro lugar. En la casa siempre existía un problema con las tuberías de agua, siendo la última casa del pasaje la presión con la que llegaba el agua siempre dañaba la tubería principal. También era peligroso, a veces los ladrones entraban a robar donde algunos vecinos. Una noche se entraron por la parte de atrás de nuestra casa y se robaron algunas ropas y también la bicicleta de Samuel. Aunque Federico había construido un muro por seguridad, y también la parte de enfrente estaba cerrada de una forma segura, yo me sentía sola y a veces llena de temor.

La colonia tuvo un cambio muy positivo, Antel comenzó un proyecto para la mayoría de colonias de Soyapango. Se instalarían líneas de teléfono en la municipalidad y todas las familias podrían optar por tener una línea de teléfono en casa. Yo había aplicado muchos años antes, estaba contentísima que por fin podría comunicarme fácilmente con toda la familia. Por mucho tiempo me comunicaba de los teléfonos públicos aunque la mayoría de veces no funcionaban. Fue un cambio muy grande. Hasta los jóvenes lo comentaban en las escuelas, así lo dijo el director de la escuela donde estudiaba David. Advirtió a los padres que tuvieran mucho cuidado, que habláramos con nuestros hijos porque daban el número a todos los compañeros de clases y amigos, pero el teléfono era para tener una comunicación breve.

CON LA MIRADA ERA SUFICIENTE

Un día la niña Avis me llamó para decirme que fuéramos a pagar el recibo del teléfono a las oficinas de Antel de la San José. Cuando llegamos a la oficina habían varias personas pagando los recibos de teléfonos, ahí se podían pagar aunque ya estuvieran vencidos. Yo pagué primero; el empleado que me atendió, al finalizar, me dijo "La van a llamar". La niña Avis que estaba detrás de mí escuchó perfectamente. Yo lo escuché pero no le di importancia, es más, no pensé que me lo decía a mí. Cuando salimos de las oficinas ella me preguntó, "Niña Sonia, ¿Escuchó lo que le dijo el empleado que recibió su pago?". Yo le dije que sí pero no creía que se refería a mí. Habíamos caminado unos minutos cuando me dijo "Regresemos y pregúntele porque dijo que la iban a llamar". Con un poco de dudas me regresé, me acerqué al mostrador y le pregunté al empleado "Disculpe usted, ¿Porque dice que me van a llamar? ¿Es que usted me conoce?", y en son de broma le dije, "¿Usted me va a llamar?". Él me miró, y con una parte de mi recibo en la mano repitió, "Sólo puedo decirle que la van a llamar".

Nos fuimos para la casa, no quise darle mucha importancia. El día siguiente, como todas las tardes, mis hijos se fueron para la escuela; sólo habían pasado unos minutos desde que se habían marchado cuando sonó el teléfono. La persona en el otro lado de la línea preguntó por Sonia, yo le dije que con ella hablaba. Creo que preguntó por mí porque eso era lo correcto, pero ya había reconocido mi voz y yo la de él, era Adrián. Él era un hombre muy importante en mi vida, habían pasado doce años desde la última vez que lo vi. Al escuchar su voz sentí alegría, sentí un placer enorme. No tengo las palabras para expresar todo lo bien que me sentí al saber de él y pensar que no me había olvidado.

Nuestras vidas estaban marcadas por encuentros y desencuentros, luego de saludarnos le pregunté como tenía mi número de teléfono y él me contestó, "Ayer en la oficina de Antel la persona que te atendió es mi amigo. Te conoce. Tu no lo recuerdas". Hablamos por varios minutos y al despedirnos me preguntó si podía llamarme al día siguiente. Yo le dije que sí, que no había problema. Él me prometió que todos los días me llamaría por la tarde. Teníamos tantas cosas que contarnos, Adrián además de que me gustaba era mi amigo, él era un gran conversador y quizás yo también se cómo mantener una conversación, con él teníamos muchísima química.

Me llamó al día siguiente y todos los días por las tardes. Hablamos de su familia, de la mía, de su trabajo, e inevitablemente de nuestros sentimientos. Luego de varios días de llamarme por la tarde, ya no era suficiente, también me llamaba muy temprano cuando llegaba a la Oficina, y luego me llamaba cuando salía a almorzar. Los momentos en que él tenía tiempo hablábamos mucho. Sus compañeros de trabajo empezaron a darse cuenta del cambio de él. En mi casa yo me sentía extraña, sabía que esta comunicación podía darle a mi vida y a la de mi familia un giro de ciento ochenta grados, pero no quería pensar en eso; yo tenía muchos sentimientos encontrados.

Por una parte me sentía importante; Adrián me hacía sentir especial. Pero yo también me sentía culpable de tener una comunicación con él, yo me había prometido muchos años atrás que me olvidaría de él. No quería contarle a nadie lo que me estaba pasando. Una vez que mi hijo David contestó el teléfono, Adrián tuvo que colgar. Luego me llamó y se disculpó conmigo, me decía que se sentía mal por haberle colgado el teléfono a mi hijo. Habían pasado dos meses de estar en comunicación cuando recuerdo que me dijo que quería verme, que hiciéramos todo lo posible. Yo le dije que me diera unos días para pensar y planificar salir de casa. Yo no salía más que al mercado y de vez en cuando iba a pasar consulta, no tenía forma de salir sin decirles a mis hijos para donde iba. Un día viernes por la tarde nos pusimos de acuerdo que la semana siguiente nos encontraríamos. Ese fin de semana lo sentí largo y decidí contarle a la niña Avis lo que tenía pensado hacer, también necesitaba de su ayuda para que estuviera pendiente de mis hijos.

Nos vimos una semana santa, era un martes, nos encontramos en San Jacinto. Los dos llegamos casi al mismo tiempo, unos minutos antes de las diez de la mañana. Nos abrazamos y a pesar de que físicamente los dos habíamos tenido cambios, nuestros sentimientos no habían cambiado, seguían intactos, no habían reproches por el pasado. Queríamos vivir lo que hasta esa fecha no habíamos podido vivir, estábamos muy nerviosos. No había un lugar a donde ir, la mayoría de comedores no abrían hasta después de las diez de la mañana, pero Adrián conocía un lugar llamado conchas Arturo donde podíamos hablar tranquilos. Yo no podía estar tanto tiempo fuera de casa sin tener alguna buena razón, así que le dije que tenía poco tiempo y sólo estuvimos ahí por una hora y media.

Nos prometimos hacer lo posible por mantenernos en contacto, aunque esa semana no pudimos hablar mucho porque Federico estuvo varios días en casa por la vacación de semana Santa.

Las semanas siguientes hablábamos por teléfono, y cada vez pensaba que lo mejor sería cortar con esa relación, pensaba que íbamos a salir lastimados y nuestras familias también. Decirlo era fácil, pero cumplirlo no podía. Cuando sonaba el teléfono me olvidaba de todo temor.

Con Adrián siempre hacíamos de una palabra una larga conversación hablamos muchas veces de la reencarnación. Siempre estábamos de acuerdo en lo que conversábamos. Hasta del Chío hablábamos; él me decía que le gustaría que yo pudiera tener uno de esos pájaros. A él le gustaba la misma clase de música que a mí. Nos encantaba José Luis Perales, José Alfredo Jiménez, yo le dedicaba la canción Gata Bajo La Lluvia, le encantaba esa canción y él me pedía que pensara en él cuándo escuchara Otoño Gris de Perales. Hablábamos de ir a la playa y quedarnos en un hotel de los mejores. Teníamos tantas ilusiones.

Las veces que salimos juntos él me llevaba a lugares agradables, siempre me preguntaba que se me antojaba comer; almorzábamos juntos. Algunas veces fuimos a comer al restaurante Ranchón, era uno de los mejores, también íbamos a almorzar al Cocalito, pero el que nos encantaba era Conchas Arturo, ahí vendían unos deliciosos aperitivos. Cuando nos veíamos en Zacatecoluca íbamos a comer gallina india. Cada vez que me veía tenía algún detalle para mí, conocía mis gustos. Recuerdo el primer regalo que me dio fue una cadena de oro muy fina y unos aritos que había comprado en la relojería Chorro. Los aritos tenían inscrito las palabras "Te quiero". Nunca los usé, yo no podía explicar cómo los había obtenido.

Él era muy gentil y cada vez que lo veía era más difícil ocultar mis sentimientos. El tiempo que nos veíamos con Adrián era tan breve. Esperábamos con tanta ansiedad el momento de encontrarnos y pasaba tan rápido cuando estábamos juntos. El tiempo era nuestro peor enemigo. También era muy difícil poder vernos, solamente nos veíamos cuando yo iba a visitar a mi familia. Dejaba mis hijos en casa de mi hermana Irene, les gustaba quedarse ahí para jugar con sus primos, mientras que yo les mentía diciéndoles que iba a estar con mi madre.

Recuerdo que una de esas veces que fui a Zacatecoluca había pasado un desastre en el volcán de San Vicente. El río que pasaba por la casa del espino se había desbordado. Esa tarde pasé por las oficinas donde trabajaba Adrián y le comenté que mi familia iba a ir al Espino a ver lo que había pasado. Él muy contento me acompañó, mi familia se sorprendió de vernos juntos aunque ellos lo conocían. Yo les expliqué que me lo había encontrado por casualidad, pero una relación así es difícil de ocultar, él no necesitaba tocarme, con la mirada era suficiente.

MÁS HUEVOS QUE UNA IGUANA

Adrián fue el primero que tuvo problemas en su casa. Un compañero de trabajo que me conocía a mí y mi hermana Sara fue él quien le dio toda la información a la esposa de Adrián acerca de nuestra relación. Este hombre pertenecía a un grupo católico llamado encuentros conyugales al cual mi hermana y su esposo pertenecían también. La esposa de Adrián no me conocía a mí, pero por este hombre se las arregló para hablar con mi hermana. Ella le reclamó a mi hermana y la hizo sentir muy mal. Sara es una persona de fe casada con un hombre de principios y muy católico. Ellos estaban molestos con este engaño, o sinvergüenzada como creo que le llamaron, que le estaba haciendo a mi esposo.

Sara se distancio de mí en ese tiempo; yo la entendí. Ella tenía una familia muy bonita y no quería verse involucrada en esta situación. Yo no busqué comunicarme con ella para no causarle problemas en su hogar. La audacia de reclamarle a mi hermana fue lo que más enojo a Adrián, él decía que porque su mujer se había atrevido a meter a mi hermana en este problema. Adrián decidió separarse definitivamente de su familia, pero económicamente siempre fue responsable con ellos. A mí me decía que esta vez íbamos a llegar hasta el final.

En mi casa yo me alejaba más de mi esposo, aunque trataba de ser la misma persona los fines de semana me ahogaba en mi casa y la culpa no me dejaba tranquila. Para el dos de noviembre mi familia visitaba el cementerio a dejarle flores a mamá Alba. Esa fecha Adrián y yo estuvimos con ellos y fue esa tarde en el cementerio que un pariente nos vio juntos. No le quedo ninguna duda que entre nosotros había algo. Esa semana Federico me llamó por teléfono a la casa, en su voz sonaba muy molesta y recuerdo sus palabras en tono de burla, "Te sacaste el boleto". Palabras que decía mi hermano cuando se molestaba con alguien. Él me quiso decir que yo podía irme para donde yo quisiera porque ya le habían contado que me habían visto platicando con alguien. Yo estaba llena de miedo, pero me di cuenta que el sólo tenía una sospecha de mi relación con Adrián. En realidad, Federico no estaba seguro de nada, y rápido saqué conclusiones que la persona que le había puesto en aviso era aquel pariente que había visto en el cementerio. Ellos dos estaban trabajando por el lado de San Miguel y se habían visto para almorzar.

Federico estaba muy atento, yo presentía que mi matrimonio estaba por destruirse. Un sábado en una discusión que tuvimos le dije que nosotros ya no estábamos bien que debíamos pensar en sepáranos. Él no me contestó, pero estaba muy molesto. Ya nuestro matrimonio no tenía sentido excepto por nuestros hijos.

Hablé con Adrián que no queríamos lastimar a nadie, pero ya era demasiado tarde para olvidar lo que estábamos viviendo. Ninguno de los dos queríamos decir adiós a este sentimiento. Nos amábamos, no era cuestión de sexo si no que era algo más profundo. Las personas que conocieron a Adrián lo querían; él era una persona fuera de serie, una persona tan singular. Por eso es que mis otras hermanas se mantuvieron al margen de mi vida, no me juzgaron, al contrario, trataban de comprenderme.

Cuando Adrián se separó de su familia rentó un apartamento, fue ahí donde pasamos momentos tan inolvidables. En la pared de su cuarto tenía una pintura muy bonita, era el retrato de una mujer semidesnuda y en la parte de abajo tenía mi nombre. La única vez que llegó su ex-mujer queriendo hablar con él vio la pintura y la hizo pedazos al mismo tiempo que me insultaba.

Este fue el año que David estudio en Zacatecoluca. Allá se quedaba con mi hermana Irene y regresaba a casa sólo los fines de semana o si no yo iba a verlo a Zacatecoluca. Mientras que Samuel estudiaba en las tardes en la escuela de la colonia. Él entraba a la escuela a la una y treinta de la tarde.

Un día, como de costumbre, Adrián me llamó temprano y me dijo que le gustaría verme ese día. Esa mañana llegó a visitarme Zuria, una excuñada con la cual hacía años Adonis había tenido una relación. Yo le comenté que un amigo me había invitado a almorzar y la invité para que me acompañara. Dejé todo listo para que Samuel se fuera para la escuela y le pedí a la señora vecina que lo vigilara, y a las once de la mañana nos fuimos de la casa.

Nos encontramos con Adrián, almorzamos y después nos fuimos a la oficina de una cooperativa que quedaba por el centro de gobierno. Él andaba con un compañero de trabajo y ahí realizó unos trámites. Luego Adrián quiso despedirse, pero yo le insistí que me acompañara a la casa. Nos acompañó también Zuria y mientras volvíamos a casa nos encontramos con mucho tráfico y nos retrasamos mucho para volver. Yo estaba muy angustiada y cuando por fin llegamos Samuel me estaba esperando en la parte de enfrente de la casa y me dijo con su voz afligido "Mi papi ha llamado varias veces".

Recuerdo que le pedí que fuera a encargar unas pupusas donde la vecina. Nos dirigimos hacia el patio de la casa donde teníamos sillas y una hamaca. Estando afuera escuché el sonido de las llaves, Federico estaba parado enfrente abriendo la puerta, todo fue tan rápido. En cuestión de segundos ya estaba adentro de la casa saludando. Zuria trató de sentarse junto con Adrián en una hamaca como si fuera ella su novia. Luego que Federico saludó fue directo hacia Adrián y le preguntó "¿Cómo te llamas?". Él se puso de pie y le extendió la mano y sin dudar contestó, "Adrián Coral". Cuando terminó de decir su nombre Federico le dio un golpe muy fuerte en pleno rostro y al mismo tiempo le dijo "¡Tú eres el hombre que se está acostando con esta!". Adrián no reaccionó. Federico se dirigió a mí y en ese momento Adrián reaccionó y le dijo, "Eso no te lo voy a permitir, que la toques a ella". Samuelito de pronto desde el marco de la puerta con una voz quebrantada le grito "¡No papi!". Yo le dije a Federico que nosotros ya no nos entendíamos y lo más suave que pude también le dije que ya no lo amaba. Esas palabras lo dejaron callado.

Adrián antes de irse me pidió que le prestara el teléfono y marco un número, pero Federico le dijo que saliera que esa era su casa. Entonces Adrián se fue. Federico se sentó por unos minutos sin decir palabra luego se marchó esa noche. ¡Fue terrible! Esa noche no dormí, me sentía preocupada, me preguntaba "¿Para donde se había ido Federico?". Le pedía a Dios que no le fuera a pasar nada malo. Por Adrián no me preocupaba, yo sabía que él tenía un amigo cerca y al fin el más afectado era el padre de mis hijos.

Ese momento fue uno de los más dolorosos de mi vida, yo estaba consciente de todo el daño que les causé a mis hijos, pero sobre todo a Samuel. Él quería mucho a su padre y verlo presenciar ese momento fue de los más amargos que viví. No puedo decir todo lo que pasó por mi cabeza; hubiera querido desaparecer. La culpa es un sentimiento muy grande, pienso que cuando estamos conscientes del dolor que les causamos a otras personas es un castigo vivir con este sentimiento. Yo lo viví, Adrián también se daba cuenta de nuestra falta y de alguna forma siempre le dio la razón que Federico lo golpeara esa noche. No me considero una mujer fuerte me sentía súper mal.

Muy temprano el día siguiente sonó el teléfono, escuché la voz de mi madre al otro lado de la línea y sin preguntarme como me sentía me dijo que Federico la había llamado para decirle que nos íbamos a separar. Me dijo que le diera gracias a Dios que no me había matado porque otro hombre en su lugar lo hubiera hecho, que debería irme de la casa porque el dueño era Federico. Nunca pensé en irme de la casa porque esa casa era de mis hijos, para mí tenía un gran valor sentimental no económico. David también me llamó muy molesto, él tenía razón quería mucho a su padre.

Adrián me llamó y me dijo que podía contar con su apoyo que de cualquier forma íbamos a salir adelante, este fue otro detalle por el cual siempre me robo el corazón. Él entendía que mis hijos eran importantes para mí, y tengo la certeza que me amaba y a mis hijos les tenía un gran cariño y respeto. Él nunca se expresó mal de Federico, todo lo contrario, sus palabras al dirigirse a él eran "Federico es un gran tipo". Ese día también me hizo otro comentario, "¡Te admiro! Tienes más huevos que una iguana. Cuando tuviste la oportunidad no me negaste".

Después de pocas semanas me llamó mi hermana Laura, le conté todo lo sucedido y ella me tranquilizo mucho con sus palabras. Me dijo que me comprendía y que lamentaba lo ocurrido, pero nadie está obligado a estar con una persona que ya no amamos.

Ese fin de semana Federico no llegó a casa, yo no le conté a ninguna persona lo que estaba viviendo, nadie me iba a entender. Federico si lo comentó con sus compañeros de trabajo y con algunas personas que vivían en nuestro pasaje. La mayoría lo conocían, para todos yo fui una mala persona.

El siguiente fin de semana Federico llegó con su hermano Jasón. Saludó y yo me salí para el patio. Él entró al cuarto donde tenía sus cosas personales, ahí se estuvo por varios minutos y luego salió, se despidió de Samuel y se marchó. Pasó algo que nunca he podido sacar de mi mente y que me ha atormentado, mi hijo abrió el ropero y cuando lo vio vacío me abrazo y entre sollozos me dijo "Mi papi nunca va a volver, se ha llevado sus cosas". Yo traté de tranquilizarlo y le dije que su padre lo quería y que siempre iba a poder verlo. No me arrepiento de lo que pasó, pero sí como sucedieron las cosas. Pido perdón a mis hijos y todas las personas que lastimé.

UN RANCHITO Y UNA PIEDRA

Adrián quiso que yo conociera a sus padres, él quería que yo tuviera un lugar en su vida y con un poco de temor acepte conocer a su familia. Ellos tenían una relación de cariño con la exesposa de él; les había dado nietos. Yo no quería incomodarlos. Ellos vivían en Cuyultitan, un pueblo en el departamento de la Paz. El día que fui a conocerlos me recibieron con muchas atenciones, me di cuenta que lo querían mucho y que respetaban la decisión que él había tomado, fueron unos señores muy discretos. La madre de Adrián era una señora bastante mayor al igual que el padre de él. Ella nos preparó una sopa de gallina India y compartimos unas horas con ellos.

Adrián me daba lo necesario para mí, yo nunca le pedí nada. Él tomó la decisión de darme una mensualidad para mis gastos personales. Un día conversando me dijo que quería que fuera al banco y abriera una cuenta a mi nombre y así lo hice. Él pensaba mucho en los dos y en cómo podíamos compartir más tiempo, fue entonces que se le ocurrió buscar un apartamento o una casita que quedara accesible a él que trabajaba en Zacatecoluca y a mí que vivía en Soyapango. Debía ser un punto intermedio.

Adrián empezó a averiguar que documentos necesitaba para comprar, pero él quería que yo opinara en la compra. Fuimos a ver unos apartamentos que estaban construyendo en San Jacinto. Estos eran pequeños, pero a mí me gustó el lugar así que él decidió comprar un apartamento ahí. En un par de meses todo estaba listo para habitarlo, él compró todo lo necesario y nosotros dos estábamos contentos que tendríamos un lugar en donde vernos.

Yo iba una vez por semana, le arreglaba su ropa, aunque él nunca me dijo que lo hiciera. Yo lo hacía con gusto. Algunas veces que él no estaba ahí me llamaba, pedía permiso en su trabajo para salir temprano y llevarme a cenar, aunque definitivamente yo no podía quedarme a dormir con él. Sé que él deseaba que me quedara, pero él comprendía que yo no podía. Cuando nos veíamos en Zacatecoluca siempre se las arreglaba para llevarme a algún lugar diferente.

Una vez después de llevarme a almorzar me dijo que le gustaría que conociera un río que quedaba cerca de Zacate. Él quería que pasáramos una tarde agradable, así que llevamos golosinas y ropa para bañarnos. A él le encantaba estar en contacto con la naturaleza y a mí también. Cuando llegamos al río sólo estaba una señora lavando ropa un poco retirado del lugar donde decidimos bañarnos. Muy cerca de ese río había una Hacienda de ganado. Empezando a disfrutar estábamos cuando llegaron varios hombres quienes creo que trabajaban en la hacienda. Sin saludar empezaron a desvestirse y tirarse a la poza donde estaba yo con Adrián. Nos miramos y yo pude observar en su rostro preocupación. Él me dijo que me saliera y me vistiera lo más pronto posible, luego se salió él tratando de mostrarse tranquilo. Nos fuimos lo más pronto posible de ese lugar y ya una vez en el camino me confesó que había sentido mucho miedo que esos hombres pudieran hacerme daño y no tener la capacidad de protegerme.

Yo sentí que para él era muy importante que yo estuviera bien y eso me hacía feliz porque una vez mi madre pensó que cuándo yo estuviera con problemas él me daría la espalda, con sus palabras ella me dijo, "No sé qué va a ser de ti, como te vas a sentir primero Alcalde y luego alguacil".

Como toda persona, él tenía sus defectos, pero conmigo saco lo mejor de sus sentimientos y de los míos. Talvez porque lo amaba me gustaba su forma de decir las cosas. Una tarde estando juntos en su apartamento de pronto empezó a caer una tormenta eléctrica, se escuchaban los truenos. Adrián me dijo con una sonrisa "Si nos cae un rayo, la gente va a decir 'ven como eran de malos que un rayo los mató' ". Él tenía una forma muy especial de expresarse.

Muchas veces hablamos que cuando estuviéramos ancianos nos gustaría tener un ranchito y una piedra para poder sentarnos muy juntos en el patio, y en la noche ver las estrellas. Sentados en esa piedra hablaríamos de todos nuestros recuerdos. También tendríamos un perro para que nos acompañara. Teníamos muchas ilusiones de vivir juntos, a él, al igual que a mí, le gustaba soñar.

Después de varios meses mi hermana Irene y mi sobrino se vinieron a vivir conmigo. El esposo de ella estaba en los Estados Unidos y ella tenía que esperar un tiempo para reunirse con él. Ella tomó la decisión de quedarse en mi casa mientras le salía el viaje. Fueron días muy especiales, ella quería a mis hijos y mis hijos le tenían mucho cariño. A ella siempre la respetaron. Esto permitió que yo tuviera más tiempo para estar con Adrián. Él a veces me decía que quería verme, yo se lo comentaba a Irene y ella me decía, "¿Qué esperas? Vete tranquila". Yo le pedía a Irene que si Federico llegaba que por favor le ofreciera comida. Ella así lo hacía, y siempre que Federico preguntaba por mí, ella con mucha delicadeza le decía que yo andaba visitando a nuestra madre.

TODO CAMBIA BICHA PELONA

Adrián y yo estábamos bien, hablábamos como siempre. Un día me comentó que en Antel les habían dicho que para todos los empleados vendrían días de muchos cambios. El gobierno iba a privatizar Antel y en el proceso se liquidarían todos los empleados y recontratar los que quisieran quedarse, pero todo sería diferente. Él tenía más de treinta años trabajando para Antel desde que tenía trece años cuando empezó trabajando como mensajero.

Antel se convertiría en una nueva empresa llamada Telecon, pero Adrián ya no quería quedarse trabajando como un empleado nuevo, con un salario mucho menos de lo que le pagaban. También sería requisito saber usar una computadora. Mientras se hacían los cambios a él le enseñaron lo más básico para trabajar en la computadora, pero él tenía otra oportunidad además de su indemnización, también podía jubilarse. Él ya tenía los años de trabajo, aunque todavía no tenía la edad para retirarse. Las negociaciones de Antel duraron varias semanas, y él tuvo ese tiempo para tomar una decisión. Se acercaban días de grandes cambios, mientras él me decía,

"Todo cambia bicha pelona, lo único que no cambia es el cambio". Adrián recibió su indemnización, pero se quedó unos meses más trabajando antes de retirase.

Una mañana como siempre acostumbraba me llamó, esta vez me dijo que me había hecho un deposito a mi cuenta y que cuando tuviera tiempo pasara por el banco. No me dijo la cantidad, pero luego verifiqué que me había depositado veinticinco mil colones. Conmigo fue muy generoso.

A mi hermana Irene le salió el viaje para Estados Unidos, volví a vivir la tristeza de su ausencia. En casa se quedó su hijo, un joven muy educado entrando a su adolescencia, pero muy tranquilo y obediente. Mis hijos con él se llevaban súper bien. Adrián nos invitó a que fuéramos a conocer el teleférico de San Jacinto, había vuelto a funcionar después de varios años inhabilitado. Mis hijos no quisieron acompañarme, sólo mi sobrino se divirtió. Pasamos un día muy especial, Adrián hacía lo que estaba a su alcance para verme contenta. Cuando estábamos en algún lugar rodeado de personas o íbamos viajando en autobús y nos veían juntos nos miraban con admiración y algunas personas se atrevían a preguntarnos cuanto tiempo teníamos de estar juntos. Fuimos a algunas reuniones de amigos juntos siempre estábamos hablando y riéndonos.

Odi, mi amiga de la infancia, siempre se comunicaba conmigo por teléfono. Varias veces me propuso que me fuera a trabajar a Italia. Se lo comenté un día a Adrián, pero a él no le parecía tan buena idea. Él quería que si un día me alejara de El Salvador sería porque viviría lo más cerca posible de mis hermanas. Él sabía cuánto yo las quería y ellas a mí. Yo le comentaba que en momentos difíciles ellas me apoyaron, sobre todo emocionalmente. Él pensaba mucho en cómo sería mi vida si por algún motivo nos alejáramos, quería protegerme, quería que yo pudiera tener lo necesario para vivir. Varias veces me propuso que nos divorciáramos para poder casarnos.

Llegó el momento de su retiro, él tuvo otro gesto generoso conmigo y me dio diez mil colones más. Me di cuenta que Adrián aún conservaba la foto con la carta que yo le dejé con mi hermana la última vez que nos dijimos adiós en Zacatecoluca. El día que dejó de trabajar recogió sus objetos personales y se llevó esa foto que siempre había tenido con él guardada en su oficina.

Para esa fecha yo tenía treinta y ocho años, él era mayor que yo nueve años, pero Adrián era un hombre muy activo, le gustaba correr y lo hacía la mayoría de veces. A él le encantaba la naturaleza, sentirse libre y por ese motivo pronto me di cuenta que no iba a vivir en ese apartamento la mayoría del tiempo. Él se iba para la casa de sus padres, se aburría mucho encerrado en su Apartamento. A veces pasaba días esperando que yo llegara. Haber dejado de trabajar y que yo no tuviera tiempo para compartir con él lo afectaba. Había llegado un momento que debíamos tomar una decisión respecto a nuestra relación, queríamos tener una vida normal, juntos, como él decía, para bien o para mal.

ESTELITA

Un día por la tarde yo iba para el apartamento de Adrián cuando me encontré con un compañero de trabajo de Federico. Darío era un joven que estaba preparando su tesis para graduarse de Ingeniero, muchas veces nos había visitado en la San José. Él se detuvo a saludarme, pero más que saludarme quería contarme algo respecto a Federico. Me dijo que ahora su amigo Federico estaba feliz había comenzado una relación con la hija de la dueña del comedor donde él y todos sus compañeros comían. La muchacha se llamaba Estel, al mismo tiempo que me comentaba, noté que me miraba con un profundo desprecio y dijo con mucha alegría que ella tenía mucho dinero y carro del año. Mentiría si dijera que me daba igual, sentí como una espina en mi corazón, quizás había herido mi vanidad. Tal vez pensé que pronto me había olvidado, pero luego comprendí que él tenía todo el derecho a sentirse contento.

Un día por la mañana yo había ido por unos comprados y cuando volví me dijo Irene que Federico había llegado y le dijo a David y Samuelito que se alistaran que quería llevarlos a donde el abuelo mientras que afuera en el parqueo estaba Estelita, como él la llamaba, esperándolos.

Cuando los bichos regresaron, yo algo molesta les pregunté como la habían pasado. Samuel como siempre callado, pero David me comentó que su papi había llevado a Estelita para que la conociera su abuelo y que estaba feliz y lo había felicitado, "una mujer así es la que tú necesitas hijo".

A Federico lo trasladaron de San miguel por el lado de Apopa y los fines de semana pasaba por la casa y Estelita le ponía de comida una deliciosa sopa de patas. A mí me gustaba la comida que le preparaba y también a mi hijo Samuel, así que nosotros nos comíamos la comida, pero primero le dábamos a el perro que la probara.

Para una semana Santa Federico me dijo que quería tener por unos días a Samuel y se lo llevó para donde Estel. Ella tenía un hijo casi de la misma edad que Samuelito. Esa semana Irene también fue a visitar a mi madre y David se fue con ella. Yo me quedé en casa y sólo me acompañó Terri el perro de la casa.

Parecía que Federico emocionalmente estaba superando lo que había pasado. Pero un día llegó un poco extraño y me pidió que les buscara ropa a mis hijos que los llevaría a dar una vuelta. No sé por qué esta vez sentí una angustia, tenía un mal presentimiento. Él se fue con mis hijos y yo para no sentir el tiempo me puse a planchar, pero pronto regresaron. Federico al regresar se sentó en la hamaca afuera como la mayoría de veces lo hacía. Me dijo, "Tu ganaste". Yo le pregunté, "¿A qué te refieres?". "Ellos se quedan contigo, ya hablé con nuestros hijos. Yo estaba dispuesto a quedarme con David y Samuel y que tú te fueras. Pero ellos no quieren." Con toda honestidad me dijo, "Sobre todo Samuel".

Samuel le había dicho que quería quedarse conmigo y me pareció que al principio de la conversación David había dudado en su decisión, pero pronto reaccionó y le dijo "Papi, ¿Cómo va usted a cuidar a mi hermano? Mi mami ha estado siempre con nosotros, ella nos enseñó a hablar, a caminar, a leer y muchas cosas".

Me sentí contenta de que todo sólo había sido una intención. Varias veces pensé que esa idea no fue de Federico. Pienso que él sabía que lo peor que podía hacer era quitarme a mis hijos. Esa noche agradecí a Dios de tenerlos conmigo. Hubiera sido un error separarme de ellos.

Federico cuando podía y quería llegaba a la casa. A veces me decía que estaba muy enfermo que iba a morir pronto como su mamá, de un infarto. Me decía que el médico le recomendaba cuidarse y evitar tener problemas. Me sentí triste y culpable muchas veces. Estelita lo llamaba por teléfono a la casa y yo contestaba. Me preguntaba por Federico y yo la comunicaba con él. Yo nunca me molesté porque ella lo llamaba, ni le preguntaba que le pasaba. Se notaba que ellos ya tenían sus propios problemas. Una tarde estábamos en el patio mi hermana Irene y yo cuando él llegó. Conversando con nosotras nos dijo que ya su relación con Estelita se había terminado.

NOS AHOGAMOS EN LA ORILLA

Adrián y yo pasamos varios días conversando acerca de nuestro futuro juntos, pensábamos que existía una gran oportunidad de tener una vida mejor en varios aspectos, que nuestra relación sería mejor económicamente a fuera del país. Decidimos empezar nuestra nueva vida en Estados Unidos.

Hablé con mis hermanas de la decisión que había tomado especialmente con Laura. Ella estuvo de acuerdo en recibirme. Para mí hablarlo fue muy fácil, lo complicado fue llevar a la realidad el plan. Yo tenía dos hijos y un sobrino, traerlos conmigo no era tan sencillo, ni tampoco separarme de uno de ellos.

El dinero lo tenía para el viaje mío y cierta cantidad para uno de mis hijos que viajaría conmigo. Adrián no tenía problema, él tenía su visa para viajar y también familia que lo apoyaba. Él viajó unas semanas antes que yo; el plan era que cuando yo llegara él ya estaría ahí para recibirme. Él se regresaría para El Salvador, pero pronto volvería para reunirse conmigo y quedarnos por un tiempo indefinido. Pensando en un futuro mejor para nuestra relación dejamos nuestra vida en manos del destino.

Fue mi hijo menor Samuel al final quien viajó conmigo y mi hermana Irene se las ingenió para que mi sobrino también pudiera venir conmigo. Adrián estuvo ahí apoyándola, él siempre fue una persona solidaria, si podía hacer un favor no lo dudaba en prestar su ayuda. No puedo expresar con palabras como me afectó emocionalmente el que mi hijo David se quedara, pero tenía la esperanza que pronto él podía reunirse con nosotros.

Un mes de febrero dejé mi patria llena de ilusiones y con muchas expectativas. El viaje no fue fácil pero Adrián estaba ya en Estados Unidos y en el camino nos comunicábamos lo más posible; él me daba muchos ánimos, estaba muy ansioso porque pronto nos reuniéramos, mientras que yo con mucho temor a una vida diferente pero hasta ese momento tenía la ilusión que todo iba a estar bien.

Un sábado por la noche me recibió mi familia y por supuesto Adrián. El lunes de la siguiente semana se regresaría él a El Salvador con la promesa que volvería en un par de meses. Ese fin de semana compartimos el máximo tiempo que pudimos. Recuerdo que el domingo me llevó a una tienda donde vendían tarjetas de teléfono para poder llamar a mi hijo en El Salvador. La tienda estaba a unas cuadras de donde vivía mi familia, así que caminamos tomados de la mano y recuerdo que me preguntó cómo me sentía y qué me parecía el lugar, sólo le respondí que me parecía que las casa se parecían a las de los cuentos de los libros que yo había leído.

Luego nos fuimos con mi hermana Laura a unas tiendas, yo necesitaba muchas cosas personales de las cuales ella muy generosamente me compró. Adrián me compró unos zapatos deportivos blancos, compartió lo poquito que tenía y me dio cincuenta dólares. Regresamos al Apartamento, el reloj estaba en contra de nosotros dos, ya era tarde y mi hijo había salido con la demás familia. Mi hermana Laura salió a hacer una diligencia, y con una sonrisa de malicia dijo, "Aprovechen estos momentos que quedan solos". Ella siempre tan única la verdad los nervios se habían apoderado de él y esos minutos los aprovechamos para reiterar la promesa que estaríamos juntos muy pronto y por el tiempo que Dios nos diera vida.

Llegó el momento de marcharse, mi sobrino fue a dejarlo al Aeropuerto y yo también fui. Inevitablemente nos despedimos convencidos de que nos abrazaríamos pronto y en el aire quedaron muchos besos.

Solamente habían pasado dos meses cuando volvimos a reunirnos para ese tiempo yo ya tenía trabajo. Él también estaba dispuesto a obtener un trabajo para poder hacer realidad nuestro sueño, y así fue. Yo trabajaba cuatro horas por la mañana y cuatro por la tarde. Él aprendió a movilizarse en metro y en bus, pronto los días fueron pasando y lamentablemente nos fuimos dando cuenta que no iba a ser tan sencillo poder establecernos; no había tiempo para compartir y más difícil tener un poquito de privacidad. A él no le parecía el sistema de vida de este país, yo había empezado a ser independiente económicamente y había conocido otras personas que me llevaban o me traían de mi trabajo. Adrián también escuchaba diferentes comentarios en su trabajo referente que las mujeres que venían de otros países, "Acá en Estados Unidos cambian, se hacen muy libres". A él, quien no era una persona celosa, lo observé que se estaba comportando desconfiado.

Un día recibió una llamada de su hermano el cual le

dijo que tenía que regresar a El Salvador por motivos de su retiro; necesitaba firmar unos documentos aunque su hermano tenía un poder legal para realizar cualquier trámite este problema era algo personal. Le comentó que si se quedaba más de seis meses tendría problemas con su visa. Para esa fecha a Adrián ya no le parecía tan agradable la idea de establecerse en Estados Unidos y este inconveniente lo motivó a tomar la decisión de regresarse. Luego de pensarlo varios días lo comentó conmigo y mi familia; mi mente no descansaba pensado como él estaba decidido a dejarme en este país después de haberlo hablado tantísimas veces, después de muchas promesas. Más de una vez habíamos conversado que si un día regresábamos sería juntos, de ahí en adelante nuestra relación empezó a quebrarse. En el fondo de mi corazón me sentía resentida, decepcionada, y muy triste; me sentía arrepentida de haber salido de mi país. Yo deseaba que pronto pasaran los días y que él se fuera para terminar con esta incertidumbre. Yo me hacía muchas preguntas, una de ellas era si podría superar este sentimiento.

Adrián me conocía muy bien, una vez que estábamos sentados muy cerca me miró y me dijo, "Estas arrepentida, ¿Verdad?". Yo le contesté con un sí rotundo. Creo que los dos pensábamos lo mismo, tanto esfuerzo por estar juntos se estaba desvaneciendo. En las siguientes semanas que a él le faltaban para volver a El Salvador ya no habían más promesas. Acordamos que después de dos años yo volvería y él estaría ahí esperándome. Una tarde que estábamos reunidos con mi familia afuera del apartamento sentados alrededor de un gran árbol; hablamos como otras veces del mismo tema, de su regreso a El Salvador. Alguien dijo que no creía que yo fuera a regresar dentro de dos años, inmediatamente en sus palabras y en su rostro se notaron el malestar que sentía al pensar que no podíamos estar juntos. Me dijo que cuando yo regresara a nuestro país yo tendría su apoyo siempre, pero que acá había comprendido que nada podía hacer y que no estaba dispuesto a vivir trabajando en este país, él ya había trabajado desde su adolescencia. En nuestro país le esperaba una vida tranquila.

Adrián y yo nos amábamos, pero eso no fue suficiente; no supimos encontrar la mejor opción para poder estar juntos. Al final decidimos tomar caminos diferentes, sin pleitos hablamos lo más tranquilo. Pienso que el no haber podido compartir nuestras vidas me llenó por un buen tiempo de tristeza y mucha amargura; sólo el tiempo logró estabilizarme.

La hermana de Adrián que vivía aquí lo apoyaba; le regaló un vehículo para que él pudiera movilizarse más fácil pero pronto él perdió el interés. Él se dio cuenta que tener un vehículo y no estar presente en este país no tenía sentido, sólo le traería gastos. Se presentaron varios obstáculos que prácticamente no pudo o no quiso superar. No puedo decir que en ese momento lo comprendí. Sólo cuando pasó el tiempo llegué a darle la razón y luego de esos seis meses se marchó sin una fecha para volver, pasaron diez meses para verlo nuevamente.

Adrián me llamó cuando estaba donde su hermana, en ese entonces yo casi no tenía tiempo, lo que tenía era trabajo. Compartí varios fines de semana con él, visitamos algunos lugares. Mi familia hacía lo posible por ayudarnos, nos apoyaron en lo que podían; en fin todos le tenían mucho cariño y hacían lo posible para que pudiéramos compartir tiempo juntos. Yo tenía un enorme deseo de volver a mi país pero en mi pensamiento tenía la certeza que aunque Dios me lo permitiera entre nosotros ya nada sería lo mismo. Sé que lo amaba y le tenía mucho agradecimiento por lo que habíamos vivido. Tal vez fue poco tiempo pero muy intenso.

Tratamos de mantener la comunicación; aunque sólo fuera por teléfono recuerdo que yo le decía que nunca lo iba a olvidar y él me contestaba que tenía razón, "Solo que nos arranquemos la cabeza". La verdad que en este país nos acostumbramos a no compartir con nuestros seres queridos que están lejos, pero no los olvidamos. Más de una vez fue un poco complicado hablar con él, no se encontraba en el apartamento y si estaba se encontraba ebrio. Ya mi hijo David me lo había comentado que Adrián tomaba mucho y estaba triste. Él le decía a mi hijo, "Tu mami ya no va a volver".

Pasaron los dos años, un día que lo llamé me dijo muy resignado, "Tu ya no te vas a venir. Eres libre. Puedes hacer lo que quieras", y agregó, "Yo no te voy a esperar más tiempo". Por unos segundos no supe que contestarle, pero reaccioné y le dije que me perdonara pero no estaba dispuesta a arrastrar de nuevo a mi hijo, sacarlo de la escuela o dejarlo con mi hermana. De vez en cuando lo llamaba; me había conformado pero no lo olvidé. Después de cierto tiempo volvió a viajar pero esta vez solamente por un par de semanas, se comunicó conmigo y compartimos con el resto de la familia. Tal vez lo vi un par de veces; entendí que había algo que siempre nos uniría, un gran cariño, era una amistad inquebrantable.

Una tarde que conversé con David le pregunté por Adrián, le pregunté si lo veía y me contestó que de vez en cuando, que él ya tenía una nueva relación y que lo veía tranquilo. Sentí algo en mi estómago, como un vacío muy grande pero con los días comprendí que para él era lo mejor. Adrián le gustaba tener con quien compartir, su carácter alegre no le permitía ser amigo de la soledad. Después de un tiempo considerable recibí una llamada de Adrián, me comentó que quería vender su apartamento y que si yo quería comprárselo, que a él no le gustaba vivir encerrado y que con la persona que ahora tenía una relación tenía su casita donde él vivía ahora. Me comentó que podía hablarle cuando yo lo deseara, él le había comentado de nuestra relación ya pasada, en ningún momento ella podía molestarse. No dejé de sorprenderme ya que él le había comentado cuanto habíamos hecho por estar juntos. No sé si me lo dijo de verdad pero algunas veces que hablamos me decía, "El día que tú vuelvas dejó lo que sea por estar contigo". Yo me reía, no había ningún resentimiento de parte de los dos, estábamos en paz. He Comprendido que a pesar de todo el amor que existió de parte de los dos no fue suficiente.

En el dos mil ocho volví a verlo; me llamó para decirme que quería verme y compartir si se podía con mi familia. Había venido sólo por unos diez días. Compartimos una tarde muy divertida con mi familia, recordamos varias anécdotas del pasado. Él nos comentó que por días se sentía un poco mal de salud, pero que él no le daba mucha importancia. Yo tenía planes de viajar a El Salvador pero no se lo comenté; yo quería estar segura para decírselo. Me despedí de él, caminamos juntos a la salida del condominio, nos abrazamos con la esperanza de volver a compartir una próxima vez. Lo tengo tan presente, tristemente fue la última vez que lo vi.

La siguiente semana yo pude viajar a El Salvador, antes de irme lo llamé y le dije que nos veríamos en nuestro país. Lo traté de localizar pero no pude contactarlo hasta un día antes de mi regreso a Estados Unidos. Tuvimos una conversación por teléfono muy breve, sólo tuvimos tiempo para saludarnos y al mismo tiempo despedirnos.

Pasaron varios meses cuando un día mi hermana Irene luego de terminar la conversación por teléfono con nuestra madre me dijo preocupada y sorprendida que Adrián estaba muy enfermo, que llamara a la familia para obtener más información de su salud.

La esposa de Adonis me lo confirmó. A Adrián le habían detectado cáncer. Lo conversábamos toda la familia, no podíamos creer que a él le estuviera afectando esta enfermedad. Hice todo lo posible para comunicarme con él, le llamé y me contestó su pareja, me identifiqué, le pedí disculpas por llamar y le dije que sólo quería saber de la salud de Adrián. Ella muy educada me dijo que sabía quién era yo y que no había ningún problema sólo que en ese momento ella iba para el hospital pero al regresar me llamaría. Pude hablar con Adrián, le di ánimos, él muy positivo en ningún momento se quejó ni tampoco mencionó el nombre de su enfermedad. Yo lo entendí; él era un hombre bastante fuerte.

Adrián estuvo varias veces en el hospital por su tratamiento, en una de esas veces sintió mejoría, me comentó que quería venir de nuevo a Estados Unidos; su visa se había vencido pero eso no era un problema, la iba a renovar. Él confiaba que todo iba a estar bien, me alegré de saber que podía volver a verlo y se lo hice saber pero tristemente volvió a recaer. Ya no pudimos reencontrarnos. Mi hijo David, mi madre y otros parientes fueron a visitarlo a su casa durante su recaída, una semana después falleció.

Un primero de Noviembre del dos mil once se fue, me dejó unos objetos personales que él guardaba incluyendo la fotografía que yo le di tantos años atrás. Ahora los conservo como recuerdos muy preciados para mí. Han pasado muchos años y el recuerdo más preciado sigue siendo y siempre será él y todo lo que vivimos juntos. A veces pienso que ni él ni yo fuimos culpables en esta historia, quizás el destino no estuvo a nuestro favor. Pienso que vivimos lo más difícil, pero como él siempre me decía, "Nadamos tanto y nos ahogamos en la orilla".

SOBRE EL AUTOR

Sonia E. Ramírez, nacida en Zacatecoluca, El Salvador en el año 1960 donde vivió su adolescencia. Posteriormente residió en diversos lugares de ese país, principalmente en San Salvador, de donde emigro a Estados Unidos al cumplir los 38 años. Escritora de vocación, amante de la música romántica, los libros, los paisajes y con una memoria privilegiada, comparte siempre sus experiencias de vida al detalle, lleno de sentimientos y las más sinceras apreciaciones a la realidad.

Siendo ella un personaje realmente valiente, quien a lo largo de su vida enfrento verdaderos desafíos tanto emocionales, físicos, sociales y culturales característicos de los países que conforman esta región, dificultades que supero en su mayoría a fuerza de voluntad y esmero que con tantas anécdotas que compartir, tantos recuerdos, tantas memorias, que no existe mejor forma de conocerla que a través de las narrativas de su vida, pensamientos y de sus sueños.

Made in the USA
Middletown, DE
16 August 2023